Geheimhaltung – Sexueller Missbrauch

Nathalie Sabas

Geheimhaltung – Sexueller Missbrauch

Wie Eltern und Fachkräfte die Strategien des Täters durchbrechen können

Nathalie Sabas
https://link.springer.com/

ISBN 978-3-658-37100-5 ISBN 978-3-658-37101-2 (eBook)
https://doi.org/10.1007/978-3-658-37101-2

Die Deutsche Nationalbibliothek verzeichnet diese Publikation in der Deutschen Nationalbibliografie; detaillierte bibliografische Daten sind im Internet über http://dnb.d-nb.de abrufbar.

© Der/die Herausgeber bzw. der/die Autor(en), exklusiv lizenziert durch Springer Fachmedien Wiesbaden GmbH, ein Teil von Springer Nature 2022
Das Werk einschließlich aller seiner Teile ist urheberrechtlich geschützt. Jede Verwertung, die nicht ausdrücklich vom Urheberrechtsgesetz zugelassen ist, bedarf der vorherigen Zustimmung des Verlags. Das gilt insbesondere für Vervielfältigungen, Bearbeitungen, Übersetzungen, Mikroverfilmungen und die Einspeicherung und Verarbeitung in elektronischen Systemen.
Die Wiedergabe von allgemein beschreibenden Bezeichnungen, Marken, Unternehmensnamen etc. in diesem Werk bedeutet nicht, dass diese frei durch jedermann benutzt werden dürfen. Die Berechtigung zur Benutzung unterliegt, auch ohne gesonderten Hinweis hierzu, den Regeln des Markenrechts. Die Rechte des jeweiligen Zeicheninhabers sind zu beachten.
Der Verlag, die Autoren und die Herausgeber gehen davon aus, dass die Angaben und Informationen in diesem Werk zum Zeitpunkt der Veröffentlichung vollständig und korrekt sind. Weder der Verlag noch die Autoren oder die Herausgeber übernehmen, ausdrücklich oder implizit, Gewähr für den Inhalt des Werkes, etwaige Fehler oder Äußerungen. Der Verlag bleibt im Hinblick auf geografische Zuordnungen und Gebietsbezeichnungen in veröffentlichten Karten und Institutionsadressen neutral.

Einbandabbildung: © peterschreiber.media/stock.adobe.com

Planung/Lektorat: Eva Brechtel-Wahl
Springer ist ein Imprint der eingetragenen Gesellschaft Springer Fachmedien Wiesbaden GmbH und ist ein Teil von Springer Nature.
Die Anschrift der Gesellschaft ist: Abraham-Lincoln-Str. 46, 65189 Wiesbaden, Germany

Jeder Fall ist ein Fall zu viel.

Vorwort

Lieber Leser, liebe Leserin,
ich bin Ihnen sehr dankbar, dass Sie sich für dieses Buch entschieden haben.

Das Thema berührt den intimsten Bereich eines Menschen. Fälle von sexueller Gewalt an Kindern und Kinderpornografie nehmen zu: Das geht aus der *Polizeilichen Kriminalstatistik 2019* hervor.

Im Jahr 2020 wurden in Deutschland 16.686 Kinder polizeilich erfasst, die Opfer von sexuellem Missbrauch wurden. Allerdings ist davon auszugehen, dass die Dunkelziffer deutlich höher ist.

Der Missbrauchsbeauftragte der Bundesregierung mahnt ausdrücklich, bei den Anstrengungen im Kampf gegen Kindesmissbrauch nicht nachzulassen – insbesondere in Zeiten der Corona-Pandemie. Es wird ein dringender Appell an alle Professionen der Sozialen Arbeit, Sozialpädagogik, Erziehung, Schule, aber auch an Eltern gerichtet: Kindeswohl hat höchste Priorität.

Lüdge, Bergisch Gladbach, Münster – die in eineinhalb Jahren bekannt gewordenen Fälle des sexuellen Missbrauchs von Kindern versetzten die Menschen in Entsetzen, Betroffenheit und Fassungslosigkeit. Insbesondere löste eine Hausdurchsuchung in Bergisch Gladbach das „Erdbeben" aus. Ermittler stießen auf das bislang größte pädokriminelle Netzwerk in Deutschland. Diese Skandale haben uns damit konfrontiert, welche Dimension der sexuelle Missbrauch von Kindern und Jugendlichen hat. Sie haben uns eindringlich die Notwendigkeit vor Augen geführt, uns dem Thema erneut zu stellen und zu prüfen, welche Handlungsmöglichkeiten die Jugendhilfe, aber auch Eltern haben und wie der Kinderschutz künftig stärker weiterentwickelt werden sollte, auch im Hinblick auf die Aus- und Weiterbildung von Erzieher*innen oder auch Richtern.

In einer von mir geleiteten Fortbildung zum Thema: *Sexueller Missbrauch an Kindern und Jugendlichen,* erkundigte sich eine Kollegin wie sie als Mutter ihre Kinder präventiv davor schützen könnte Opfer sexuellen Missbrauchs zu werden. Ich schaute etwas irritiert, da als *„eigentliche Fachkraft"*, sie es genau wissen müsste. Allerdings wurde mir somit höchst deutlich, dass selbst erfahrende Professionen Angst und Bange haben, dass ihr geliebtes Kind in die „Fänge" eines Täters geraten könnte oder sogar vielleicht ist. Seit diesem Augenblick ist es mir nicht nur eine persönliche Herzensangelegenheit, sondern auch ein dringender Warnruf, Eltern zu ermutigen sich mit diesem gegenwärtigen Thema intensiv auseinanderzusetzen, damit es ihnen gelingt den Täterkreislauf zu durchbrechen, bzw. dass ihre Kinder nicht erst in den Täterkreislauf „einsteigen".

Meines Erachtens brauchen nicht nur professionell handelnde vielfache Kenntnisse über die Missbrauchsdynamik und die Vorgehensweisen der Täter*innen, sondern auch Bezugspersonen, denen sich das Kind anvertrauen kann. Im Laufe meiner Arbeit im Wächteramt begegneten mir immer wieder verzweifelte Eltern. In ihrer Erschütterung fragten sie sich, warum sie den sexuellen Missbrauch an ihrem geliebten Kind nicht gemerkt hatten. Gleichzeitig waren die betroffenen Kinder schwer enttäuscht, warum der nicht missbrauchende Elternteil sie nicht beschützen konnte. Vor diesem Hintergrund geht es in diesem Buch u. a. um die Frage, wie Eltern ihre Kinder präventiv davor schützen können, Opfer - aber auch Täter zu werden, mit dem Blick darauf, dass Eltern versuchen, die Bedürfnisse und Signale ihrer Kinder besser zu erkennen und sie intensiver wahrzunehmen, um *Gefahren* und die manipulativen Strategien des Täters, der Täterin zu erspüren.

Kindern wird mit sexueller Gewalt unfassbares Leid angetan und trotz Wissen um Ursachen und Merkmalen von sexualisierter Gewalt besteht auf Unsicherheit im direkten Kontakt mit einem Kind oder Jugendlichen, das Thema anzusprechen, da hier bereits das Fehlverhalten beginnen kann. Mithilfe dieses Buches möchte ich u.a. die Glaubwürdigkeit des Kindes wahren, zudem eine sorgfältige Herangehensweise, Sicherheit und Orientierung vermitteln, um ein *Versagen auf allen Ebenen* zu vermeiden – zum Wohle des Kindes. Um dieses anschaulicher zu gestalten, fließen hilfreiche praxisnahe Beispiele im Rahmen des Wächteramtes ein. Zudem habe ich mich bemüht, die kindlichen Ausdrucksformen an vielen Stellen mit Zitaten von betroffenen Kindern, Familien und Fachkräften zu versehen, sodass Sie in zahlreichen Passagen insbesondere die *Stimme* von Mädchen und Jungen finden. Wenn Sie sich für einen Augenblick Zeit nehmen, die *lauernden Gefahren,* die Hilflosigkeit und den Schmerz aus der Perspektive der Kinder zu sehen, wird Ihnen deutlich, wie sehr ein Kind von schutzpflichtigen Erwachsenen abhängig ist. Es ist eine indiskutable Notwendigkeit sich mit der Thematik des sexuellen Missbrauchs, den Bedürfnissen und kindlichen Ausdrucksformen intensiv auseinanderzusetzen. Denn vor sexuellem Missbrauch von Kinder und Jugendlichen darf niemand die Augen verschließen. Auch dann nicht, wenn Eltern eine vage Vermutung haben, dass z. B. das Nachbarskind oder der Schulkamerad ihres Kindes betroffen sein könnte. Der Schutz des systematisch Schwächsten, der Kinder, zählt zu den wichtigsten Aufgaben des Staates, der Gesellschaft – somit auch zu Ihren. Ich wünsche Ihnen beim Lesen eine tiefe Bewegtheit, aber ein sachliches Durchdenken, denn gut informierte „Beteiligte" leisten einen wichtigen Beitrag zum Schutz der Kinder und Jugendlichen vor sexuellen Missbrauch. Lassen Sie nicht zu, dass das „Lebenslicht" aus den funkelnden Augen eines jeden Kindes erlischt.

„Das Kind hat von tausend Waffen, die wir Erwachsenen in Kunst,
Wissenschaft, Erfahrung finden, keine einzige.
Es hat nichts als sein kleines, unbeschütztes, nacktes Herz, das wir ebenso leicht erheben
als zu Boden schlagen können."
Franz Horn

Danksagung

Sich dem Thema sexuelle Misshandlung an Kinder zu öffnen und Kindern zu glauben, die davon still oder offen berichten, ist mein ganz persönliches Anliegen dieses Buches.

Ich danke allen betroffenen Kindern, allen sich gestellten Tätern, allen nicht missbrauchenden Eltern, für die Offenheit und den Wunsch, den *„Kreislauf" des sexuellen Missbrauchs* zu durchbrechen.

Inhaltsverzeichnis

1 **Definition von sexuellem Kindesmissbrauch**   1
   1.1   Die Delikte gegen die sexuelle Selbstbestimmung   4
   1.2   Formen des strafbaren Missbrauchs   8

2 **Die Historie des sexuellen Missbrauchs**   13

3 **Zur Häufigkeit von sexuellem Missbrauch an Kindern und Jugendlichen**   25
   3.1   Sexueller Missbrauch an Mädchen   28
   3.2   Jungen als Betroffene sexualisierter Gewalt   30
   3.3   Der Fallverlauf eines betroffenen Mädchens   33

4 **Die Täter*innen und Täterstrategien**   37
   4.1   Frauen als Missbraucherinnen   41

	4.2	Sexueller Missbrauch durch Kinder und Jugendliche	47
	4.3	Von der Planung bis zur Tat	54
	4.3.1	Die Strategien der Täter*innen	54
	4.3.2	Manipulation des nicht missbrauchenden Elternteils	60
	4.3.3	Das Interview mit einem Täter	66

5 Individuelle Signale und Verhaltensweisen betroffener Kinder — 75

- 5.1 Zur Psychodynamik des Opfers bei sexuellem Missbrauch — 75
- 5.2 Kindliche Ausdrucksformen zum Erkennen von sexuellem Missbrauch — 82
- 5.3 Altersspezifische Reaktionen — 85
  - 5.3.1 Säuglingsalter — 86
  - 5.3.2 Kleinkindalter (bis 3 Jahre) — 88
  - 5.3.3 Vorschulalter (3 bis 6 Jahre) — 89
  - 5.3.4 Grundschulalter (6 bis 10 Jahre) — 91
  - 5.3.5 Vorpubertät und Pubertät (13 bis 18 Jahre) — 92
- 5.4 Geschlechtsspezifische Reaktionen — 96
- 5.5 Langzeitfolgen – die „Schatten" als Erwachsener — 99
  - 5.5.1 Verschwiegene Wunden? — 100
  - 5.5.2 Auswirkungen auf Partnerschaft, Ehe und Familie — 105
  - 5.5.3 Der Fall „Lammy" — 111

6 Vorbeugung von institutionellem Versagen beim Umgang mit sexueller Gewalt — 115

- 6.1 Das wesentliche „*Handwerkszeug*" — 115

6.2	Interventions- und Schutzmaßnahmen	118
	6.2.1 Interventionen bei einem vagen Verdacht	121
	6.2.2 Interventionen nach Aufdeckung	123
	6.2.3 Belastungen von Fachkräften in Zusammenhang mit Kinderschutz	126
6.3	§ 8a SGB VIII: Verfahren des Wächteramtes bei Anhaltspunkten für einen innerfamiliären sexuellen Missbrauch	130

7 Gesprächsführung mit Kindern und Jugendlichen bei Verdacht auf sexuellen Missbrauch — 135

7.1	Handlungsleitfaden im (Gesprächs-)Umgang mit sexueller Gewalt an Kindern und Jugendlichen	136
7.2	Gesprächsführung im Kontext „geplantem Gespräch" und „spontanen Aussagen" mit Luisa (6 Jahre)	148

8 Gelingende Kooperation zwischen Institutionen der Kinder – u. Jugendhilfe, dem Bildungswesen und dem Wächteramt — 151

8.1	Leitlinien eines gelingenden Schutzkonzeptes	152
8.2	Kooperation im Kinderschutz	154
	8.2.1 Schule gegen sexuelle Gewalt	154
	8.2.2 Schulsozialarbeit und Wächteramt	155

9	**Wie können Eltern ihre Kinder präventiv davor schützen, Opfer – aber auch Täter zu werden?**	**159**
9.1	Erziehungsstrategien gegen Täterstrategien	164
10	**Hilfen für betroffene Kinder, besorgte Eltern und Fachkräfte**	**169**
10.1	Hilfsangebote für Kinder und Jugendliche	169
10.2	Hilfs- und Beratungsangebote für Eltern und das soziale Umfeld	171
10.3	Beratungsangebote für Fachkräfte	173
11	**Kindern richtig zuhören**	**177**
Abkürzungsverzeichnis		**181**
Literatur		**183**

Über den Autorin

Nathalie Sabas ist nach dem Studium der Sozialen Arbeit / Sozialpädagogik und mehrjähriger Erfahrung in der Arbeit mit delinquenten Kindern und Jugendlichen sowie Menschen mit Behinderungen gem. § 35 a SGB VIII und psychisch erkrankten Menschen heute angestellte Sozialarbeiterin m Fachbereich Gefährdungsdienst (Jugendamt/Bezirkssozialarbeit) Abt. Hilfen für junge Menschen und Familien.

1

Definition von sexuellem Kindesmissbrauch

„Die Würde des Menschen ist unantastbar
Sie zu achten und zu schützen ist Verpflichtung
aller staatlichen Gewalt."
(Artikel 1 Abs. 1 Grundgesetz).

Sexuelle Misshandlung, sexueller Missbrauch, sexualisierte Gewalt, sexueller Übergriff, Pädophilie, Inzest etc. alle diese Begriffe bezeichnen sexuelle Handlungen an Schutzbefohlenen, die gegen ihren Willen stattfinden und unter Ausnutzung von Vertrauen, Abhängigkeiten oder Unwissenheit stattfindet. Insbesondere die Bezeichnung des „sexuellen Missbrauchs" wird in der breiten Öffentlichkeit, in der digitalen Welt und von vielen Betroffenen verwendet. Auch das Strafgesetzbuch (StGB) spricht von sexuellem Missbrauch, meint aber anders als der allgemeine Sprachgebrauch damit die strafbaren Formen sexueller Gewalt von Schutzbefohlenen. In zahlreichen Fachbüchern tritt hervor, dass keine allgemein gültige Definition zum sexuellen Missbrauch existiert. Allein der Begriff des *sexuellen Missbrauchs* ist unter den Fachkräften hochstrittig. Somit müssen wir uns zur Beschreibung des Phänomens die juristischen Merkmale ansehen. Grundsätzlich gilt zu verstehen: Das Zivilrecht schützt das Kind gem. § 8a SGB VIII / § 8b SGB VIII, während das Strafrecht den Täter gem. § 174 ff. StGB bestraft. Wenn Sie den Dreizehnten Abschnitt des Strafgesetzbuches: *Straftat gegen die sexuelle Selbstbestimmung*, betrachten, ist im Gesetz ein Schutzalter festgelegt.

Diese Festsetzung ist enorm wichtig. Besonders hervorgehoben wird im *§ 179 StGB der Schutz widerstandsunfähiger Personen*. Hierbei kann es sich um Personen mit geistiger und seelischer Erkrankung, mit einer Suchterkrankung oder um Personen mit einer tiefgreifenden Bewusstseinsstörung handeln. Die entsprechenden Gesetzestexte sind im *StGB, 13, Abschnitt: Straftat gegen die sexuelle Selbstbestimmung, §§ 174 bis 184* zu finden. Meines Erachtens erkennen Sie noch sehr viel mehr zwischen den Zeilen der Gesetzgebung: Es wird ausdrücklich betont, dass Kinder und Jugendliche, die sexuelle Übergriffe erfahren, keine Schuld tragen. Wer Kindern sexuelle Handlungen aufdrängt, ihnen diese abverlangt oder ihnen deren Anblick zumutet, macht sich strafbar, denn für Schutzbefohlene gilt ein ganz besonderer Schutz.

Kinder können nicht rechtlich wirksam in sexuelle Handlungen einwilligen, da sie ihre Fähigkeit zur sexuellen Selbstbestimmung noch entwickelt haben, d. h. dass das Kind aufgrund seines Alters und seines Entwicklungsstandes die sexuellen Handlungen nicht verstehen und somit nicht sein Einverständnis geben kann. Demnach wird von *sexuellem Missbrauch* gesprochen, wenn der Kontakt zwischen einem Minderjährigen und einer missbrauchenden Person der sexuellen Befriedigung der missbrauchenden oder auch anderen Person dient. Es ist an dieser Stelle zu beachten, dass sexueller Missbrauch

auch von minderjährigen Jugendlichen oder Kindern ausgehen kann. Meist sind diese minderjährigen Täter*innen deutlich älter oder in einer Position, in der sie Macht oder Kontrolle über das betroffene Kind ausüben (vgl. Goldbeck et al. 2017). Die Täterschaft nutzt kontinuierlich seine Macht und Autoritätsposition aus, um seine eigenen Bedürfnisse auf Kosten der Kinderseele zu befriedigen.

Im Vordergrund steht immer Gewalt. Bei *sexuellem Missbrauch durch Bezugspersonen* sind die betroffenen Schutzbefohlenen nicht nur mit einer Handlung gegen ihren Willen konfrontiert, welche den intimsten Bereich des Kindes verletzt, sondern auch mit einem enormen Bruch des Vertrauensverhältnisses (vgl. Fegert et al., 2015).

An dieser Stelle greift Prof. Dr. med. Jörg M. Fegert ein sehr bewegendes Beispiel auf:

Beispiel

„Aber dann, als sie nebeneinander auf dem Sofa saßen, war der Opa sehr nahe an sie herausgerutscht, hatte eine Hand auf ihren Oberschenkel gelegt. Ziemlich weit oben und ziemlich weit innen. Und als im Filme eine Knutsch-Szene zu sehen war, hatte er gefragt: ‚Na gefällt dir das?' und er hatte angefangen, sie zwischen den Beinen zu streicheln. Sophia war das total unangenehm gewesen. Sie hatte versucht, von ihm wegzurutschen, aber der Opa hatte sie festgehalten, gelacht und gesagt: ‚Jetzt tu bloß nicht so unschuldig. Du guckst dir doch auch heimlich die Nackten in der Bravo an.' Und Sophia hatte sich plötzlich fürchterlich geschämt, ihn einfach machen lassen und gehofft, dass er sie bald in Ruhe lassen würde. Irgendwann hatte er seine Hand tatsächlich zurückgezogen, Sophia ins Bett geschickt und gesagt: ‚Das bleibt unser kleines Geheimnis.'…"

Dieser Auszug zeigt sehr genau, dass ein minderjähriges Kind aufgrund körperlicher, kognitiver, psychischer und sprachlicher „Wehrlosigkeit" unter keinen Umständen eine einverständliche Sexualität wissentlich bejahen kann. Eine einverständliche Sexualität zwischen Kindern und Erwachsenen gibt nicht. Absolut ausgeschlossen. Außerdem erleben die betroffenen Kinder unzumutbare Ambivalenzkonflikte.

Dieser innere Konflikt, der dadurch entsteht, dass das betroffene Kind zwei unterschiedliche und sich gegenseitig ausschließende Anforderungen gerecht werden will, ist Gift für die Kinderseele.

Es sucht Schutz vor den Taten und will gleichzeitig den Zusammenhalt der Familie nicht zerstören. Auf dem Kind lastet eine große Bürde, doch will es die *eigentliche vertrauensvolle* Beziehung zum Täter oder zur Täterin und auch die Familie nicht zerstören. Sexueller Missbrauch ist ein Beziehungstrauma und mit einem enormen seelischen Leidensdruck verbunden.

1.1 Die Delikte gegen die sexuelle Selbstbestimmung

Dreizehnter Abschnitt Straftaten gegen die sexuelle Selbstbestimmung
(§ 174 StGB - § 184 l StGB)

Im Juli 2021 ist das Gesetz gegen die sexuelle Selbstbestimmung in ausgedehnter und expliziter Form in Kraft getreten und brachte zahlreiche Änderungen im Sexualstrafrecht mit sich. Sie erkennen diese Umformung in der Prävention solcher Straftaten, als auch deren strafrechtlicher Verfolgung. Außerdem wurden die Strafen für einige Straftaten sexualisierter Gewalt gegen Kinder erheblich erhöht. Sexueller Missbrauch ist ein Verbrechen. Kinder und Jugendliche bedürfen des besonderen Schutzes vor sexualisierter Gewalt. Die Folgen dieser Straftaten können erheblich und langwierig sein. In den letzten Jahren wird ein großer Teil des Alltags in das Internet verlagert, welches gravierende Gefahren für Heranwachsende birgt. Die Kontaktaufnahme zu Schutzbefohlenen und die Verbreitung von kinderpornografischen Inhalten u. a. ist aufgrund dessen zunehmend einfacher. Um das Kindeswohl *hoheitlich zu wahren,* ist eine Veränderung des Gesetzes zur Bekämpfung sexualisierter Gewalt gegen Kinder zustande gekommen. Die Altersgrenze des Tatopfers wurde von 16 Jahren, auf 18 Jahren festgesetzt, somit wurde der Tatbestand erweitert. Während nach alter Rechtslage sexueller Missbrauch von Kindern mit einer Freiheitsstrafe zwischen 6 Monaten und 10 Jahren bestraft wurde, sieht die aktuelle Rechtslage grundsätzlich einen Strafrahmen von einer Freiheitsstrafe zwischen einem und 15 Jahren vor. Auch bei Straftaten in Bezug auf Kinderpornografie wurden Strafverschärfungen vorgenommen. Dieses Delikt wird durch die neue Gesetzesänderung von einem Vergehen in ein Verbrechen gewandelt. Somit müssen Täter*innen mit einer Freiheitsstrafe zwischen einem und 10 Jahren rechnen. Des Weiteren sollen schnellere Verfahren bei minderjährigen Tatopfern durch die Einführung eines Beschleunigungsgebots anberaumt werden. Darüber hinaus sollen in Kindschaftssachen bei einem Familiengericht Schutzbefohlene grundsätzlich, unabhängig von deren Alter, angehört werden.

Zudem sieht die neue Gesetzgebung vor, Verurteilungen unter bestimmten Voraussetzungen in das erweiterte Führungszeugnis aufzunehmen. Unter Nachdruck wurde das anspruchsvolle Ziel verfolgt, konkrete Maßnahmen auszuarbeiten, um den Schutz von Kindern und Jugendlichen vor sexueller Gewalt und Hilfen für Betroffene nachhaltig zu verbessern. Mit der vorliegenden *gemeinsamen Verständigung* scheint ein Weg geebnet für ein dauerhaftes und vor allem aktiveres Handeln für den Schutz von Kindern und Jugendlichen vor sexueller Gewalt (vgl. Nationaler Rat gegen sexuelle Gewalt an Kindern und Jugendlichen, 2021). In diesem Zusammenhang möchte ich Ihnen einen Überblick der aktuellen Rechtslage bzw. der *gemeinsamen Verständigung* betreffend den Dreizehnten Abschnitt *Straftaten gegen die sexuelle Selbstbestimmung* mit allen Relevanten verfassungsmäßigen Verordnungen geben, die im Strafgesetzbuch (StGB) unumstößlich sind.

> **Wichtig**
>
> Dreizehnter Abschnitt
> Straftaten gegen die sexuelle Selbstbestimmung
>
> | | |
> |---|---|
> | § 174 | Sexueller Missbrauch von Schutzbefohlenen |
> | § 174a | Sexueller Missbrauch von Gefangenen, behördlich Verwahrten oder Kranken und Hilfsbedürftigen in Einrichtungen |
> | § 174b | Sexueller Missbrauch unter Ausnutzung einer Amtsstellung |
> | § 174c | Sexueller Missbrauch unter Ausnutzung eines Beratungs-, Behandlungs- oder Betreuungsverhältnisses |
> | § 175 | (weggefallen) |
> | § 176 | Sexueller Missbrauch von Kindern |
> | § 176a | Sexueller Missbrauch von Kindern ohne Körperkontakt mit dem Kind |
> | § 176b | Vorbereitung des sexuellen Missbrauchs von Kindern |
> | § 176c | Schwerer sexueller Missbrauch von Kindern |
> | § 176d | Sexueller Missbrauch von Kindern mit Todesfolge |

1 Definition von sexuellem Kindesmissbrauch

§ 177	Sexueller Übergriff; sexuelle Nötigung; Vergewaltigung
§ 178	Sexueller Übergriff, sexuelle Nötigung und Vergewaltigung mit Todesfolge
§ 179	(weggefallen)
§ 180	Förderung sexueller Handlungen Minderjähriger
§ 180a	Ausbeutung von Prostituierten
§§ 180b und 181	(weggefallen)
§ 181a	Zuhälterei
§ 181b	Führungsaufsicht
§ 181c	(weggefallen)
§ 182	Sexueller Missbrauch von Jugendlichen
§ 183	Exhibitionistische Handlungen
§ 183a	Erregung öffentlichen Ärgernisses
§ 184	Verbreitung pornographischer Inhalte
§ 184a	Verbreitung gewalt- oder tierpornographischer Inhalte
§ 184b	Verbreitung, Erwerb und Besitz kinderpornographischer Inhalte
§ 184c	Verbreitung, Erwerb und Besitz jugendpornographischer Inhalte
§ 184d	(weggefallen)
§ 184e	Veranstaltung und Besuch kinder- und jugendpornographischer Darbietungen
§ 184f	Ausübung der verbotenen Prostitution
§ 184g	Jugendgefährdende Prostitution
§ 184h	Begriffsbestimmungen
§ 184i	Sexuelle Belästigung
§ 184j	Straftaten aus Gruppen
§ 184k	Verletzung des Intimbereichs durch Bildaufnahmen
§ 184l	Inverkehrbringen, Erwerb und Besitz von Sexpuppen mit kindlichem Erscheinungsbild

1.2 Formen des strafbaren Missbrauchs

> **Beispiel**
>
> „Ich erinnere mich nicht mehr so genau... Aber ich weiß, da war mein Stiefbruder. Wir waren im Urlaub bei meiner Oma. Er sagte zu meiner Mutter: ‚Ihr braucht sie nicht ins Bett zu bringen, das mach ich gerne.' Mein Stiefbruder war 25 Jahre alt. Zunächst freute ich mich, weil mein Stiefbruder immer lustige Geschichten erzählte. Eines Abends kitzelte er mich und ich kitzelte ihn lachend.
> Als ich auf ihm war, um besser an seine Achseln zu kommen. Hielt er mich fest. Dann rutschte er hin und her, machte komische Geräusche. Als ich merkte, dass irgendwas dick war in seiner Hose, wollte ich weg. Sowas hatte er noch nie gemacht. Dann sagte er' das darfst du keinem erzählen, sonst werden Mama und Papa sehr böse'..."

In meiner beruflichen Laufbahn begegneten mir immer wieder Mädchen und Jungen, die von sexuellem Missbrauch betroffen waren, denen unfassbares Leid angetan wurde, mit gravierenden und weitreichenden Folgen. Diese Aussage des betroffenen Mädchens beschreibt eine Form des sexuellen Missbrauchs, auf diese und andere ich im Folgenden näher eingehen werde.

Sexuelle Übergriffe können an Schutzbefohlenen sowohl sexuelle Kontakte zwischen Täter*in und Betroffenen als auch Handlungen ohne direkten sexuellen Kontakt umfassen. Fegert unterteilt die **sexuellen Übergriffe mit direktem Körperkontakt** „*Hands-on*" in *Penetrative Handlungen* und *Handlungen mit sexuellem Kontakt.*

Zu den ***Penetrativen Handlungen*** zählen alle Akte vollendeter oder versuchter vaginaler oder analer Durchdringung mit dem Penis, Fingern, der Zunge oder Gegenständen (vgl. Fegert et al., 2015).

Ebenfalls werden alle Kontakte und Eindringen in Mund des Kindes mit dem Penis und Genitalien oder Anus berücksichtigt.

Goldbeck et al. (2017) hingegen ergänzt die Unterteilung **Handlungen mit sexuellem Kontakt** anhand unangebrachten und absichtlichen Berührungen (über die Kleidung und nackter Haut) und Streicheln des Schutzbefohlenen, dem Austausch von Zärtlichkeiten, (Zungen)-Küssen, Reiben der Genitalien, dem Leistenbereich, als auch der Innenseite der Oberschenkel. Einige Sexualstraftäter überschreiten die Grenze der Berührungen am Anus und der Brüste oder das Verlangen haben, an diesen Stellen berührt zu werden. Das Manipulieren an Geschlechtsteilen sind nach dem Strafgesetzbuch ebenfalls Missbrauchshandlungen, wenn ein Erwachsener oder Jugendlicher mit oder vor einem Kind agiert. Berührungen die zur Erfüllung der Grundbedürfnisse notwendig sind, wie die Reinigung von Säuglingen und Kleinkindern sind hiervon ausgenommen.

Dem gegenübergestellt gibt es auch **sexuellen Missbrauch ohne direkten Körperkontakt** *("Hands-off")*. Darunter fallen:

- Aussetzung des Kindes gegenüber sexuellen Aktivitäten: z. B. Pornografie oder Exhibitionismus.
- Film- oder Fotoaufnahmen, die das Kind auf eine sexualisierte Art darstellen.
- Verbale, sexuelle Belästigung.
- Sexuelle Belästigung über neue Medien bspw. „Online-Groming", soziale Netzwerke und digitale Kommunikation
- Handlungen, die Kinderprostitution ermöglichen (vgl. Fegert et al. 2015).

Kinder- und Jugendprostitution – damit verbinden wir oft Sextourismus in Ländern wie z. B. in Thailand, doch diese Form des sexuellen Missbrauchs ohne direkten Körperkontaktes gibt es auch in Deutschland. Das Problem ist bekannt – das genaue Ausmaß allerdings nicht. In Deutschland gibt es kaum Informationen zu Kinderprostitution, weil das Wissen, die Fakten und die Zahlen fehlen. Erhebungen sind deshalb schwierig. Die Jungen und Mädchen kommen sowohl über Bekannte und Verwandte in die Prostitution als auch über fremde Männer und Frauen, die sich das Vertrauen der Kinder und Jugendlichen mithilfe unterschiedlicher Techniken der Manipulation erschleichen.

Wenn wir bei den Handlungen von Bezugspersonen, die Kinderprostitution ermöglichen bleiben, werden diese Handlungen ohne direkten Körperkontakt gewertet und gleichzeitig erfahren die Schutzbefohlenen durch die Prostitution sexuelle Übergriffe mit direktem Körperkontakt.

Vor wenigen Jahren tauchten Informationen über die sogenannte *„Loverboy-Methode"* auf, die ein neues Phänomen in der Jugendprostitution bzw. ein weiterer Schutzauftrag des Wächteramtes gem. § 8a SGB VIII darstellte. Erst kürzlich mussten sich drei *„Lover-Boy"*-Täter beim Wuppertaler Landgericht zur Verantwortung stellen. Die Masche der *„Loverboy-Methode"* ist unter vielen Jugendlichen noch wenig unbekannt und doch immer dieselbe: Der Erstkontakt beginnt mit einem harmlosen Flirt – meist in den sozialen Netzwerken. Die Täter sind überwiegend junge Männer, die gezielt Mädchen in der Pubertät mit mangelndem Selbstbewusstsein oder gravierenden Problemen – auch an Schulen, in Tanzlokalen, Bars etc. ansprechen und sie durch eine nette, charmante Art in eine emotionale Abhängigkeit bringen. Diese Manipulation des Täters führt dazu, dass das Opfer sich zunehmend von seinem sozialen Umfeld isoliert. Aufgrund der isolierten Bindung scheint es den Betroffenen unmöglich, sich dem Zwang der Täter zu entziehen. Das Opfer ist dem „*Lover-Boy*" absolut hörig. Vorgetäuschte finanzielle Notlagen oder die Notwendigkeit des Geldes zur gemeinsamen Zukunftsplanung werden oft als „Spielregeln" eingesetzt.

Alle Formen sexueller Gewalt an Kindern und Jugendlichen unterscheiden sich in ihrem Schweregrad, der in einer engen Verbindung zum Ausmaß der Beeinträchtigungen in Folge des sexuellen Übergriffs steht (vgl. Manly et al., 2001). Aufgrund der unterschiedlichen Dimensionen ist die Sensibilisierung von Eltern und Fachkräften – für die Signale betroffener Kinder von größter Notwendigkeit. Sexueller Missbrauch in der Kindheit ist ein überwältigendes, traumatisches Erlebnis und strafrechtlich eine kriminelle Handlung. Betroffene Kinder und Jugendliche versuchen immer wieder auf ihr Leid hinzuweisen; sie kämpfen oft jahrelang mit dem Versuch sich jemanden anzuvertrauen, dass sie Opfer einer Straftat sind. Das Wissen um die Dynamik und die Gewaltformen des sexuellen Missbrauchs, das Durchbrechen der Geheimhaltungspflicht, als auch Vermittlung und Festigung von Handlungssicherheit durch konkrete Verhaltenshinweise und rechtliche Grundlagen helfen bei der Aufdeckung und Beendigung der Gewalttaten.

„Mama,
was wünschst du dir
am aller allermeisten von allem?"
„Zwei ganz brave und liebe Mädchen", sagt Mama
Da werden Maditas Augen ganz blank
und ihre Stimme zittert ein wenig
„Und wo sollen Lisabet und ich dann hin?"
(Astrid Lindgren/Madita).

2

Die Historie des sexuellen Missbrauchs

„Die Geschichte der Kindheit ist ein Alptraum, aus dem wir gerade erst erwachen."
(deMause, 1992).

Sexueller Missbrauch von Kindern und Jugendlichen ist vermutlich so alt wie die Menschheit.

Bereits die ersten schriftlichen Quellen der Menschheitsgeschichte berichten von sexuellen Machtgelüsten. Was wir Kindheit nennen, hat es nicht immer gegeben. Vor diesem Hintergrund möchte ich Ihnen einen geschichtlichen Überblick über sexuelle Kindesmisshandlungen verschaffen, um zu verdeutlichen, dass sexuelle Gewalt gegen Kinder und Jugendliche kein neues Phänomen ist, sondern schon seit Jahrtausenden praktiziert wird. Im Lauf der Jahrhunderte wurden somit immer wieder dramatische Fälle aufgedeckt. Es ist verheerend, denn bereits sumerische Tontafeln, die ersten schriftlichen Quellen der Menschheitsgeschichte, berichten von sexuellen Gelüsten, die immer wieder auf Macht und Erniedrigung basieren. Schon vor etwa 5000 Jahren geben Mythen, Klagelieder, Heldenerzählungen und Gesetze der Sumerer Hinweise auf sexuelle Handlungen zwischen Erwachsenen und sehr jungen Mädchen (vgl. Trube-Becker; zit. n. Amann & Wipplinger, 1998, S. 39). Auf einer Tontafel der Sumerer wird deutlich, dass der *königliche Gott En-Lil* beim Anblick der kindlichen *Göttin Nin-Lil* ein starkes sexuelles Verlangen hat. Allerdings weist ihn die junge Göttin mit dem Hinweis auf ihre Jugend strikt zurück.

„Meine Vagina ist klein und kennt die Schwangerschaft noch nicht
Meine Lippen sind jung und wissen nichts vom Küssen."

Nichts kann den göttlichen König aufhalten, um seine Gelüste zu befriedigen, und somit verbündet er sich mit einem seiner Minister, um das Kind zu vergewaltigen. Als die Tat ruchbar wird, wird die kindliche *Göttin Nin-Lil* zusammen mit ihrem Peiniger verbannt (vgl. Rush, 1989).

Die Epoche der Antike umfasst überwiegend die griechische und römische Geschichte, aber auch den Hellenismus. In dieser Zeit zählte zu den typischen Merkmalen dieser Epoche die sogenannte griechische „Knabenliebe" (Päderastie).

Die griechische Gesellschaft duldete ca. 800 vor Christus bis 500 nach Christus, *„sexuelle Beziehungen"* zwischen Männern und Jungen. Die Erfordernisse für eine *„sexuelle Beziehung"* war die altersbedingte körperliche und geistige Unterlegenheit der Jungen, sowie die Einseitigkeit des Liebesbegehrens. Konkret bedeutet dies, dass der Minderjährige keine sexuelle Erregung zeigen durfte, da dies als „schmutzig" und unehrenhaft galt. Zudem wurde das Kind, dann als *Strichjunge* angesehen, mit dem niemand „verkehren" wollte. Außerdem musste die sexuelle Gefügigkeit der Jungen mit teuren Geschenken erkauft werden (vgl. Bange & Deegner, 1996, S. 11). In jeder Stadt gab es Knabenbordelle und in Athen konnte die Menschen obendrein einen Knaben per Vertrag mieten. Die Bevölkerung der griechischen Metropole stieg rasant an, ca. 40.000 Einwohner leben bereits um 400 vor Christus in der mächtigsten Poleis des antiken Griechenlands (vgl. Trube-Becker, 1998, In: Amann & Wipplinger, 1998, S. 41).

In der Antike war sexueller Missbrauch von Kindern absolut üblich. In dieser Jahrhunderte alten Geschichte erkennen Sie bereits ein Motiv: die Degradierung zum Sexualobjekt, dessen Willen keinen Einfluss auf das Geschehen hat. DeMause fasst an dieser Stelle zusammen: *„In dieser Epoche lebte das Kind in den ersten Jahren in einer Atmosphäre sexuellen Missbrauchs. In Griechenland oder Rom aufzuwachsen, bedeutete oft für den Minderjährigen, von älteren Männern sexuell missbraucht zu werden. Die Form und die Häufigkeit des sexuellen Missbrauchs waren je nach Ort und Zeit verschieden. (…) Wo homosexueller Verkehr mit freien Knaben gesetzlich verboten war, hielten sich die Männer Sklavenjungen, sodass auch frei geborene Kinder ihre Väter mit Knaben schlafen sahen. Manchmal wurden Kinder in ein Konkubinat verkauft"* (vgl. deMause, 1992, S. 71 ff.).

Was bedeutet an dieser Stelle *frei geborene Kinder?* Nun, *frei geborene* Minderjährige trugen im antiken Griechenland eine goldene Kugel um den Hals, wenn sie nackt waren. Dies hatte einen ganz bestimmten Grund: Wenn Männer, auf eine Gruppe Nackter traf, konnten sie sofort erkennen, welche Knaben sie rechtens sexuell gebrauchen konnten (vgl. Bensel et al., 2002).

Bereits im alten Rom wurden minderjährige Jungen in der Wiege kastriert, um dann später Männern in *Freudenhäusern* sexuell zur Verfügung zu stehen. Angeblich kamen die *sexuellen Übergriffe* so häufig vor, dass der *römische Kaiser Domitian* die Entscheidung traf, die Kastration von Kindern, die für *Frauenhäuser* vorgesehen waren, unter eine hohe Strafe zu stellen (vgl. Bange & Deegener, 1996). Auch in dieser Zeit benutzten Männer Jungen als Sexualobjekte.

Allerdings zeigt eine aussagekräftige Darstellung des Künstlers *Petronius,* dass auch Frauen in dieser Epoche der Antike beim sexuellen Missbrauch von Minderjährigen eine Rolle spielte: Auf einem Bild sieht der Betrachter sehr deutlich, dass es sich um die Vergewaltigung eines sieben Jahre alten Mädchens handelt, bei der Frauen in einer langen Reihe um das Bett herum Beifall klatschen (vgl. deMause, 1992).

> „Ein guter Freund von mir, der gewöhnlich ein Mädchen für zehn Pfund bei mir nahm,
> nimmt jetzt alle 14 Tage drei Mädchen für fünf bis sieben Pfund pro Mädchen."
> (1884, Redakteur William Thomas Stead).

Diese Berichterstattung stammt aus einer verdeckten Ermittlung aus dem Jahr 1884, als der Redakteur William Thomas Stead (England). Eine Kupplerin hatte den Redakteur über den *Jungfrauen-Kult* und die gestiegene Nachfrage informiert.

Im Jahre 594 v. Chr. wurde *Solon* zum Gesetzgeber mit außerordentlichen Vollmachten ernannt und war in der Zeit von 594 bis 593 v. Chr. *Archon* (Beamter) in Athen. In der Antike wurde Solon unter die sieben Weisen Griechenlands gezählt. Die moderne Forschung beschäftigt vor allem sein politisches Denken und Handeln als Wegbereiter einer Entwicklung, die in Athens klassischer Zeit zur attischen Demokratie führte. Schnell erkannte der griechische Gesetzgeber durchaus die Gefahr des *sexuellen Missbrauchs,* die z. B. auch Schulkindern durch ihre Lehrer drohte. Die Schulen wurden frühestens bei Sonnenaufgang aufgeschlossen und spätestens zu Sonnenuntergang wieder zugeschlossen. Solon strebte es an, die heimliche Prostitution mit Minderjährigen, insbesondere an Schulen zu vermeiden. Diese Gesetzgebung galt allerdings nur für die Kinder der Bürger. Der *sexuellen Gewalt* von minderjährigen Sklaven stand dagegen nichts im Weg. Die Jungen und Mädchen wurde bei den exzessiven zeremoniellen Trinkgelagen gerne in Anspruch genommen, wie die Bemalung von zahlreichen Trinkgefäßen belegt (vgl. Leipold, 2015).

Auch im *Mittelalter* war der *sexuelle Missbrauch* an Kindern weit verbreitet. Obwohl dies einen starken Verstoß gegen die Norm darstellte, wurde dennoch häufig *sexuelle Gewalt* an Minderjährigen verübt. Selbst die harten Strafen hatten die *TäterInnen* von ihren sexuellen Machtgelüsten an Kindern nicht abgeschreckt. Edelleute, Kreuzritter, christliche Ritter und Kirchenfürsten schändeten Frauen und Kinder gewissenlos: junge christliche Mädchen wurden für Geld auf eine grausame Art und Weise als Ehefrauen eingetauscht.

Darüber hinaus wird bezeugt, dass die Verfolgung und Vernichtung von Mädchen und Frauen als Hexen (= Hexenverfolgung) dazu diente, sexuelle Gewalt gegen Mädchen bzw. Frauen zu verschleiern.

Ende des 13. Jahrhunderts gab es erste *„Kinderschutz"* - Entwicklungen. Die von den Christen verlangte *Unschuld des Kindes* bewirkte, dass die sexuelle Ausbeutung von Heranwachsenden teilweise im Mittelalter als verachtenswert und strafwürdig betrachtet wurde (vgl. Bange, 2002).

Somit wurden in England die ersten Gesetze zum Schutz der Kinder vor *sexueller Gewalt* erlassen, an das sich nur die Minderheit hielt. Das Gesetz konkretisierte sehr deutlich, dass bei Kindern unter zwölf Jahren der sexuelle Übergriff zu hohen Strafen führen werde, selbst dann, wenn das Kind „keinen sichtbaren Widerstand zeigte und neugierig sei, was denn da passiere…" (vgl. Bange & Deegener, 1996). Erstarren Sie bitte nicht bei diesen Worten, denn das Wissen über die kindliche psychische und physische Entwicklung kam erst sehr viel später. Zudem müssen Sie wissen, dass es im Mittelalter bis in die frühe Neuzeit in Europa üblich war, Minderjährige, sowohl aus adligen als auch aus armen Familien, mit 7 oder 8 Jahren, zu entsprechende *Dienstleistungen* in fremde Familien zu geben.

Sie können sich sicher vorstellen, dass in diesem Rahmen massive Ausbeutungen und Gewalttaten keine Seltenheit waren. Insbesondere in betuchten Familien waren die Kinder über viele Jahre hinweg bei stillenden Ammen (vgl. Zenz, 1981). Wie Sie sehen, war die sexuelle Ausbeutung von Kindern anscheinend derart tief in der Gesellschaft verwurzelt, dass nur zögerlich gegen die *hoch traumatisierende sexuelle Gewalt* von Minderjährigen vorgegangen wurde.

An dieser Stelle ist es mir ein wichtiges Anliegen, Ihnen ein geschichtliches Fallbeispiel aus dieser Epoche zu zeigen, die eindeutige Parallelen zu den Fallbeispielen aus meiner Praxis aufweisen:

Die jungen Jahre des damals kleinen Ludwig XIII. (König von Frankreich, geb. 27.09.1601) waren von sexuellen Übergriffen und massiven Grenzüberschreitungen geprägt. Grobe, entsprechende sexuelle Gesten, Berührungen und „Scherze", gegenüber Minderjährigen wurden vor und während dieser Epoche weitgehend geduldet.

2 Die Historie des sexuellen Missbrauchs

Pater de Dainville zit. n. Aries, 1975, S. 178:
„Der schuldige Respekt gegenüber dem Kinde war damals etwas gänzlich Unbekanntes. Ihm gegenüber erlaubte man sich alles: rohe Redensarten, schmutzige Handlungen und Situationen; sie hatten alles gehört, alles gesehen."

Des Weiteren steht in Aries (1975) niedergeschrieben:
„Er (Ludwig) ist gerade ein Jahr alt, da ist er schon mit der Infantin von Spanien verlobt; seine Umgebung macht ihm begreiflich, was das bedeutet, und er versteht sie recht gut. Man sagt zu ihm: ‚Wo ist der Liebling der Infantin? Da legt er die Hand auf seinen Piephahn.' Während der ersten drei Jahre seines Lebens findet niemand etwas dabei, zum Scherz das Geschlechtsteil dieses Kindes zu berühren: ‚Die Marquise (de Verneuil) steckt oft die Hand unter sein Kleid; er lässt sich auf das Bett seiner Amme legen, wo sie mit ihm schäkert, indem sie die Hand unter sein Kleid steckt... Madame de Verneuil will mit ihm schäkern und nimmt seine Hoden in die Hand; er stößt sie zurück und sagt laut: Weg, weg, lassen Sie das, gehen Sie weg. Er will um keinen Preis zulassen, dass die Marquise seine Hoden berührt; seine Amme hatte ihm das eingeschärft: Monsieur, lassen Sie nur niemanden Ihre Hoden anrühren, auch Ihren Piephahn nicht, sonst wird er Ihnen abgeschnitten. Er vergaß diese Worte nicht.'"

Selbst Inzest war der damals 3-jährige Ludwig offensichtlich ausgesetzt. Folgende Schilderung wurde präzise dokumentiert: *„entblößt sich ebenso wie Madame (seine Schwester); sie werden nackt zum König ins Bett gelegt, wo sie sich küssen, miteinander flüstern und dem König großes Vergnügen bereiten. Der König fragt ihn: ‚Mein Sohn, wo ist das Paket für die Infantin?' Er zeigt es vor und sagt: ‚Es hat keinen Knochen, Papa.' Da es ein wenig steif ist, sagt er dann: ‚Jetzt hat er einen, das ist manchmal so.'"* (ebd., S. 176). Als Ludwig vierzehn Jahre alt ist, wurde er gewaltsam in das Bett seiner Ehefrau gedrängt (vgl. Aries, 1975).

In diesem Fallbeispiel des kleinen Ludwigs wird ganz offensichtlich, welche massive sexuelle Ausbeutung das Kind ertragen musste – und das über viele Jahre hinweg. Darüber hinaus ist Ludwig seinen Eltern, bzw. den Erwachsenen völlig ausgeliefert und absolut schutzlos. Es ist der schlimmste Verrat, den ein Erwachsener einem Kind antun kann: die Zerstörung von Körper und Seele unter dem Vorwand der bedingungslosen Liebe. Ich denke, dass es an dieser Stelle sehr deutlich wird, dass sexueller Missbrauch an Minderjährigen kein neues Phänomen ist, sondern sexuelle Gewalt gegen Kinder seit Menschengedenken zu einem Bestandteil menschlichen Gesellschaften gehört.

Des Weiteren herrschte über Jahrhunderte hinweg uneingeschränkt das *Recht des Vaters*. Er hatte stets das sagen und sah seine Frau und Kinder in seinem absoluten Besitz: *„Dein Körper und deine Seele gehören mir. Ich mache damit, was ich will. Vergiss das nie."*

Die Familie war im Besitz des Patriarchen. Eigentlich existieren die patriarchalen Sitten seit dem 20. Jahrhundert rein rechtlich nicht mehr, aber dennoch wirken sie in einigen Familien unseres jetzigen Zeitalters nach. Es macht den Eindruck, dass ihr sexuelles Verfügungsrecht über Frau und Kind ein traditionelles Fundament ihrer Macht ist, das *ihnen* die blutrünstige Seite erlaubt (vgl. Schwarzer, A. 2000). Es heißt, dass überhaupt viel zu viel von patriarchaler Gewalt geredet werde. *„Nicht alle Väter, die ihre Kinder sexuell missbrauchen, sind mächtige Männer. Sie sind eher Männer, die am Ende sind. Das mag sein, am Ende vielleicht in der Welt – aber nicht in ihrer Familie"* (vgl. Kiepenheuer & Witsch, 2000).

An dieser Stelle erinnere ich mich noch aus der Praxis sehr gut an einen Täter, der keineswegs Reue zeigte, als das Oberlandesgericht den dreifachen Familienvater mit seinem Verbrechen konfrontierte. Der Täter hatte alles gestanden, jedoch in einer Entschlossenheit und ohne einem Fünkchen Gewissen, mit den Worten: ...*„dass er seine Kinder über alles auf der Welt liebe und Sexualität gehöre eben dazu...es hat meinen Kindern ja auch gefallen..."* Alle drei Kinder waren glücklicherweise längst in Sicherheit.

Der Appell gegen *sexuellen Missbrauch* an Minderjährigen setzte sich ohne Erfolg bis in das 19. Jahrhundert fort. Erst in dieser Epoche wurden die Stimmen lauter: Jegliche sexuelle Handlungen zwischen Minderjährigen und Erwachsenen wurden als sündhaft, unmoralisch und verletzend kritisiert. Infolgedessen, hatten diese Verbrechen ein verstärktes Interesse zur Umsetzung einer Kriminalisierung und wurden später pathologisiert (vgl. Bange & Deegener, 1996).

Seit der Renaissance hatte die Gesellschaft eine Vorstellung von Kindheit entwickelt. Erst als diese Lebenspanne vom Kind bis zum Jugendlichen als besondere schutzbedürftige Lebensphasen ernst genommen wurden, konnte sich die Sichtweise durchsetzen, dass Minderjährige eines besonderen Schutzes bedürfen (vgl. Bange, 2002). Im Jahr 1898 wurde der *Verein zum Schutze der Kinder gegen Ausbeutung und Misshandlung* in Berlin verbürgerlicht, der bis zum Beginn des Nationalsozialismus 1933 in Kraft war und in den 50er Jahren erst wieder ins Leben gerufen wurde (vgl. Wetzels, 1997).

Im April 1978 berichtete die Zeitschrift *EMMA* unter dem Titel „*Das Verbrechen, über das niemand spricht*" über den sexuellen Missbrauch von Mädchen (und seltener: Jungen) durch die eigenen (Stief)Väter. Zudem lässt die Zeitschrift in diesem Artikel die 14-jährige Petra, von ihrem sexuellen Missbrauch durch den Kindesvater erzählen. Petra brach das „schamvolle" Schweigen.

Diesen Artikel finden Sie heute noch im Internet (vgl. EMMA, 1978, S. 21 ff.). Die Zeitschrift versucht ein Licht auf das noch weitgehend im Dunkeln liegende

Ausmaß der sexuellen Gewalt zu werfen und schreibt: *„Eines der größten Tabus und eines der größten Verbrechen der Männergesellschaft: Väter, die sich an den ihnen hilflos ausgelieferten Töchtern vergehen!"*

Darüber hinaus wird deutlich, dass es kaum Zahlen gibt. Das Ausmaß der gravierenden Problematik ließ sich nur erahnen. Zudem spricht *EMMA* gleichzeitig die Rolle der Mütter an, die aus Angst oder Abhängigkeit vom Täter oder auch aus Rivalität mit der Tochter, häufig die Gewalttaten verschweigen und somit zum Mittäter werden. Die Zeitschrift appelliert an alle betroffene Minderjährige:

„Wir bitten Mädchen, die betroffen sind, nicht länger zu schweigen! Mädchen, die niemanden finden, der ihnen hilft, sich zu wehren, sollten sich sofort bei uns melden." Auf diesen Aufruf erhält die engagierte Redaktion kaum Reaktionen. Die Problematik scheint absolut tabuisiert zu werden – kaum ein Opfer wagt zu sprechen. Heute wissen wir: Nur das Benennen des unerträglichen Schmerzes macht seine Verarbeitung möglich.

Im Jahr 1983 eröffnete in Hamburg das erste *Mädchenhaus* Deutschlands. Die Finanzierung wurde durch das Landesjugendamt sichergestellt. Es war eine Institution für Mädchen, die in ihrem näheren Umfeld, Opfer von sexueller Gewalt geworden sind. Die Minderjährigen konnten in Schutzwohnungen bzw. -häusern, leben. Betreut wurden das *Mädchenhaus* von Fachfrauen.

Nach wenigen Wochen wurden die zehn Plätze der neuen Zuflucht belegt. Das Bewusstsein dafür, wie viele Mädchen und Jungen in ihrem engen sozialen Umfeld sexuell missbraucht werden, wächst. Gleichzeitig steigt mit zunehmender Aufklärungsarbeit das Verständnis der gravierenden und oft lebenslangen Folgen, die der sexuelle Missbrauch für die geschädigten Kinderseelen hat.

Mit einer der wichtigsten Gründungen gegen den sexuellen Missbrauch an Kindern und Jugendlichen in den 80er Jahren ist die Selbsthilfegruppe *Wildwasser*. Die Fachfrauen unterstützten Mädchen und Frauen, die Opfer von sexuellem Missbrauch wurden, bei der Bewältigung der psychischen und physischen Folgen und ggf. der Verfolgung des Täters, der Täterin.

Mittlerweile gibt es einunddreißig *Wildwasser*-Beratungsstellen in ganz Deutschland und hat für sein Wirken mehrere Auszeichnungen erhalten. In den nächsten Jahren wurden immer mehr Organisationen gegründet, mit dem Ziel zunehmend Fachkräfte auszubilden und zu vernetzen, als auch Präventionsangebote gegen sexuellen Missbrauch zu entwickeln. Durch die Frauenbewegung wurde das Schweigen um den sexuellen Missbrauch gebrochen. Allerdings wurden den angeblich *hysterischen* Feministinnen unterstellt, überall sexuelle Übergriffe zu wittern, wo keine sind.

In den darauffolgenden Jahren melden sich immer mehr Betroffene, dessen Leidensgeschichte in die Öffentlichkeit gerät. Die Regierung beauftragt *Ex-Frauenministerin Christine Bergmann* (SPD) mit der Aufarbeitung des sexuellen Missbrauchs nicht nur in der katholischen Kirche, sondern in Familien, Schulen, Vereinen und anderen Institutionen – überall dort, wo sich Kinder und Jugendliche *gewöhnlich* aufhalten. Zudem richtet Bergmann eine Hotline für Betroffene sexuellen Missbrauchs ein: Über 11.000 Opfer rufen an, die jüngste ist sechs. Bergmann, die auch Beratungsstellen und TherapeutInnen befragt, verdeutlicht überzeugend der Regierung die Fakten und das Ausmaß des sexuellen Missbrauchs und präsentiert zeitgleich einen *Forderungskatalog,* welches ein historisches Dokument ist. Er reicht von der Finanzierung der Beratungsstellen als Pflichtaufgabe bis zur Verlängerung der Verjährungsfristen.

Bergmann schafft es, dass die Forderungen, die Missbrauchs-Opfer und feministische Beratungsstellen seit Jahrzehnten stellen, als offizielle Stellen anerkannt werden. *„Kinder haben ein Recht auf gewaltfreie Erziehung. Körperliche Bestrafungen, seelische Verletzungen und andere entwürdigende Maßnahmen sind unzulässig."* Dieser Gesetzestext wurde in Deutschland erst im Jahre 2000 im Bürgerliche Gesetzbuch (§ 1631, Abs. 2 BGB) eingeführt. Wie Sie sehen, hatte der Schutz von Minderjährigen eine sehr lange historische Reise, dass nicht nur Fachkräften, sondern auch Eltern just in diesem Augenblick der Atem stockt.

3

Zur Häufigkeit von sexuellem Missbrauch an Kindern und Jugendlichen

„Ich bin Mia und 8 Jahre alt. Als ich so…hm… Ich glaube 6 Jahre alt war,
da hat'ich noch langes Haar, hat der neue Freund meiner Mama
mich einmal unter der Dusche und einmal in meinem Bett angefasst…"

Ende Mai 2021 gab die Polizeiliche Kriminalstatistik (PKS) erneute Angaben zur sexuellen Gewalt an Kindern und Jugendlichen bekannt. Die Zahl der Fälle sexualisierter Gewalt gegen Minderjährige ist weiter gestiegen. Um dies zu konkretisieren: Die Polizeiliche Kriminalstatistik verzeichnet für das Jahr 2020 in Deutschland 14.594 den Ermittlungsbehörden bekannt gewordene Straftaten des sexuellen Kindesmissbrauchs (gem. §§ 176, 176a, 176b StGB). Die Anzeigen beziehen sich zu etwa 73,0 % auf betroffene Mädchen und zu 27,0 % auf betroffene Jungen. Hinzu kommen 1528 Anzeigen von sexuellem Missbrauch von Schutzbefohlenen und Jugendlichen sowie 21.868 Fälle sogenannter Kinder und Jugendpornografie. Bei diesen Zahlen handelt es sich um das sogenannte Hellfeld.

Das Dunkelfeld, die Zahl der nicht polizeilich bekannten Fälle, ist weitaus größer.

Dunkelfeldforschungen aus den vergangenen Jahren haben ergeben, dass etwa jede/r siebte bis achte Erwachsene in Deutschland sexuelle Gewalt in Kindheit und Jugend erlitten hat. Unter den Frauen ist jede fünfte bis sechste Frau betroffen. Zudem haben Frauen eher schweren sexuellen Missbrauch erfahren. Sexueller Missbrauch wird am häufigsten zu Hause durch eigene Angehörige erlebt, jedoch berichten Kinder und Jugendliche auch von sexueller Gewalt in Institutionen, insbesondere in Schulen, Einrichtungen der Kinder- und Jugendhilfe und Sportvereinen. Hierbei ist zu bedenken, dass nur die angezeigten Fälle erfasst werden.

Nur jeder 15. bis 20. Missbrauch wird angezeigt. Davon wird jeder fünfte Fall verhandelt, d. h. nur etwa 1 % Prozent der polizeilich erfassten Fälle landet tatsächlich vor Gericht.

Den stärksten Anstieg verzeichnete die Statistik bei der Verbreitung von Kinderpornografie, also der Herstellung und Verbreitung von Bildern und Filmen von sexualisierter Gewalt gegen Kinder.

In Deutschland sind die angezeigten Fälle von Missbrauchsabbildungen, sog. Kinderpornografie, laut Polizeilicher Kriminalstatistik (PKS) 2020 im Vergleich zum Vorjahr von 12.262 um 53 % auf 18.761 Fälle gestiegen.

Laut PKS 2020 hat sich auch die Zahl der Kinder und Jugendlichen, die Missbrauchsabbildungen, insbesondere in sozialen Medien, weiterverbreiteten, erwarben, besaßen oder herstellten, in Deutschland seit 2018 mehr als verfünffacht – von damals 1373 Tatverdächtigen unter 18 Jahren auf 7643 Tatverdächtige im vergangenen Jahr. Neben den

PKS-Zahlen verweisen auch internationale Zahlen auf eine Zunahme der sexuellen Ausbeutung von Kindern online in 2020: Nach Angaben des Jahresberichts 2020 dem britischen Internet *Watch Foundation* (IWF) zeigen rund 33 % der Websites, bei denen Missbrauchsdarstellungen, sog, Kinderpornografie, gemeldet wurden, Vergewaltigungen oder sexualisierte Folter von Kindern und rund 67 % andere Missbrauchsdarstellungen. 55 % der abgebildeten Kinder sind unter 10 Jahre alt und 2 % sind jünger als 2 Jahre. 93 % der Kinder sind weiblich, 3 % männlich und 3 % beinhalten Kinder beiden Geschlechts. Die Anzahl der aufgefundenen Sites mit Missbrauchsabbildungen beträgt 153.369 in 2020, das sind 16 % mehr als im Vorjahr.

Ein deutlicher Anstieg ist bei selbsterstelltem Material via Smartphone oder via Webcam zu verzeichnen, das dann online über eine Plattform geteilt wird. Im Jahr 2020 wurden 77 % mehr Fälle als im Jahr 2019 gemeldet. In einigen Fällen werden die Kinder überredet oder erpresst, selbst erstellte Webcam-Videos aus ihren Kinderzimmern zu versenden (vgl. Unabhängiger Beauftragter für Fragen des sexuellen Kindesmissbrauchs). Ich lege Ihnen nahe, sich die Statistik, nicht nur als Fachkraft genauer anzusehen, sondern auch Sie als Eltern ihres geliebten Kindes, sollten sich von den einzelnen Bundesländern ein Bild machen. Während in Bremen und im Saarland die Zahlen statistisch gesehen in Bezug auf den Missbrauch von Kindern gem. §§ 176, 176a, 176b StGB mit 149 absoluten Fällen im Jahr 2020 eher niedrig sind, befindet sich Nordrhein-Westfalen mit 3353 absoluten Fällen auf der *„Hochburg"* des sexuellen Missbrauchs. Zu den 3353 Fällen können Sie noch 4776 Fälle gem. § 184b StGB (Verbreitung, Erwerb und Besitz kinderpornografischer Inhalte) hinzuzählen (vgl. Polizeiliche Kriminalstatistik 2020).

Diese Zahlen gehen aus einer Sonderauswertung der polizeilichen Kriminalstatistik hervor, die in Berlin vorgestellt wurden. Johannes-Wilhelm Rörig, der *Unabhängige Beauftragte für Fragen des sexuellen Kindesmissbrauchs*, nannte die Zahlen „unerträglich". Dahinter stehe „zehntausendfaches Leid von Kindern und Jugendlichen". Des Weiteren rechnet der Präsident des Bundeskriminalamts (BKA), Holger Münch, auch in den kommenden Jahren mit einem stetigen Anstieg der Fallzahlen u. a. zur Verbreitung von kinderpornografischem Material.

Zudem gibt Münch an, dass die technischen Verfahren zur Identifizierung von verdächtigen Dateien im Netz immer präziser und schneller sein würden, zugleich werde auch die internationale Kooperation der Ermittler enger.

Darüber hinaus griffen ab 2022 in Deutschland neue Hinweisregeln für IT-Konzerne. Doch trotz der polizeilichen Ressourcen und der derzeitigen Bekämpfungsstrategie der Politik ist die Dunkelziffer hoch. Ein direkter Zusammenhang zwischen den gestiegenen Zahlen und der Corona-Pandemie sei auch aufgrund dessen nicht belegbar. Der sexuelle Missbrauch im Kindesalter scheint die Mehrheit von schweren sexuellen Übergriffen in der Familie oder im sozialen Nahraum zu erfolgen aus, sodass die Einschränkungen infolge der Pandemie Täter begünstigen können und erschweren es den betroffenen Minderjährigen, sich Hilfe zu holen (vgl. ZDF, Panorama, Polizeiliche Kriminalstatistik, 2021).

3.1 Sexueller Missbrauch an Mädchen

In Deutschland liegen mittlerweile mehr als ein halbes Dutzend Dunkelfelduntersuchungen zum sexuellen Missbrauch an Mädchen und Jungen vor. Es ist zu betonen, dass die Untersuchungsergebnisse zum Ausmaß des sexuellen Kindesmissbrauchs immer mit einer gewissen Vorsicht betrachtet werden müssen. Für eine aussagekräftige Untersuchung über das Ausmaß sexuellen Missbrauchs an Kinder und Jugendlichen sind laut Ernst et al. drei Voraussetzungen notwendig: eine Stichprobe, eine Falldefinition und ein Befragungsinstrument (vgl. Ernst, 2005, S. 64 ff.; Bange, 2004, S. 33 ff.; Bolen, 2001, S. 42 ff.). Und genau an dieser Stelle gibt es bezogen auf den sexuellen Missbrauch an Mädchen und Jungen erhebliche Probleme. Zum einen variieren die in den vorliegenden Untersuchungen verwendete Definitionen, zum anderen liegen je nach Untersuchungen zu strikte Definitionen vor, nach der nur solche Erfahrungen als sexueller Missbrauch gelten, bei denen Körperkontakt stattfand, ein Altersunterschied von fünf Jahren vorlag und sich der sexuelle Missbrauch vor dem 15. Lebensjahr ereignete, ist mit dieser *„Definition"* eine vergleichsweise niedrige Missbrauchsrate zu erwarten. Ausgeschlossen wären demnach in der Untersuchung: Exhibitionismus, sexuelle Gewalt unter Gleichaltrigen und alle Fälle sexueller Gewalt, die die Befragten als 15 und 16-Jährige erlebten.

Wenn Sie sich die aktuelle Statistik ansehen, geht darin hervor, dass die Anzeigen sich zu etwa 75 % auf betroffene Mädchen beziehen. Die meisten Menschen verbinden bis heute die Thematik des „sexuellen Missbrauchs" mit einem einmaligen Vorfall durch einen Fremden *„im dunklen Wald, der im Gebüsch lauert"*. Doch in den beiden Jahrzehnten ist das Bild der „Väter und Mütter als Täter*innen" hinzugekommen, die ihre Kinder über Jahre hinweg sexuell missbrauchen.

Mädchen werden zu etwa einem Viertel bis zu einem Drittel von Familienangehörigen sexuell missbraucht. Beim innenfamiliären sexuellen Missbrauch sind keineswegs immer die Väter oder die Mütter die Täter. Mädchen werde nach den Ergebnissen der Dunkelfelduntersuchungen mit ca. 50 % am häufigsten von Bekannten aus dem außenfamiliären Nahraum sexuelle missbraucht (z. B. Großväter, Onkel, Brüder, Cousins, Lehrer, Nachbarn, Freunde der Familie). Hier wird deutlich, dass diese Personen, dem Kind vertrauenswürdig erscheinen. Viele Mädchen erleben sexuellen Missbrauch.

Inzwischen ist bekannt, dass jedes 3. bis 5. Mädchen als Kind oder Jugendliche sexuelle Gewalt erlebt.

Bei manchen beginnt der Missbrauch bereits, wenn sie noch kleine Kinder sind, andere erleben erst als Jugendliche sexuelle Gewalt. Viele Mädchen und junge Frauen glauben, dass sie selber Schuld haben.

Oft behaupten das auch die Täter*innen, um die Mädchen in Angst und Schrecken zu versetzen und sie damit zum Schweigen zu bringen (vgl. Bange, 2011).

3.2 Jungen als Betroffene sexualisierter Gewalt

Wie oft kommt sexueller Missbrauch an Jungen in Deutschland vor? Weshalb hören wir so wenig über sexuellen Missbrauch an Jungen? Das sind Fragen und Herausforderungen, denen wir uns stellen müssen. Jungen jeglichen Alters, sogar Säuglinge, können zu Opfern sexuellen Missbrauchs werden. Das durchschnittliche Alter, in dem Jungen missbraucht werden, unterscheidet sich von Studie zu Studie beträchtlich. Während die eine ein Durchschnittsalter von ca. 4 Jahren festlegt, stellen andere ein Alter zwischen 7 und 8 Jahren fest. Andere wiederum geben ein Durchschnittsalter von ca. 10 Jahren an. Ebenfalls unklar ist, ob Jungen zur Zeit des sexuellen Missbrauchs durchschnittlich jünger oder älter als Mädchen sind.

Die Polizeiliche Kriminalstatistik (PKS) verzeichnet für das Jahr 2020 in Deutschland 14.594 den Ermittlungsbehörden bekannt gewordene Straftaten des sexuellen Kindesmissbrauchs (§§ 176, 176a, 176b StGB).

Die Anzeigen beziehen sich zu etwa zu 27,0 % auf betroffene Jungen (vgl. Unabhängiger Beauftragter für Fragen des sexuellen Kindesmissbrauchs, 2021).

Grundsätzlich ist der sexuelle Missbrauch schwer festzustellen. Wie wir bereits wissen, ergeben sich die Probleme in der Untersuchungsmethode, der Definition und der Operationalisierung.

Zudem ergeben sich die erschwerten Bedingungen aufseiten der betroffenen Kinder. Denn die Zahl der Minderjährigen, die sich *seelisch verschließen* und keine (anonymen) Angaben oder Reaktionen zur Häufigkeit des sexuellen Missbrauchs geben, ist sehr groß.

Sexueller Missbrauch an Jungen kommt nach Meinung vieler Wissenschaftler*innen seltener ans Licht. Dies hat mehrere Gründe: Das kulturelle *Männerbild* erwartet von einem Jungen, dass er sich nicht überwältigen lässt. Es wird dem Jungen nachgesagt, dass er sich zu widersetzen hat, wehren kann und sich selbst zu schützen hat. Aufgrund dieser Normen wird von Jungen erwartet, dass sie für sich selbst gerade stehen können und das Wissen haben, wie sie bei Schwierigkeiten den „*Kopf über Wasser*" halten. Das heißt: Jungen bitten nicht um Hilfe. Für betroffene Jungen besteht zudem die Angst, als „*Schlappschwanz*" ausgemacht zu werden. Der immer noch in der Gesellschaft stark verankerter Glaubenssatz geht nicht mit dem *Opfer-Sein* zusammen. Zu Unrecht wird oft wahrgenommen, der Junge habe den sexuellen Kontakt selbst gewollt, ihn als angenehm empfunden und vielleicht sogar eine aktive Rolle dabei gespielt. Angst und Gefühle der Unsicherheit werden in den Hintergrund gedrängt und nicht zu Sprache gebracht. Jungen und Männer fürchten sich nicht vor Gewalt und Verletzbarkeit zeigen sie nicht. Das sexuelle Missbrauchtsein bedeutet für einen Jungen einen enormen Eingriff in sein männliches Identitätserleben. Massive Vorwürfe, Selbstbeschuldigungen oder die Angst für homosexuell gehalten zu werden – sorgen dafür, dass der sexuell missbrauchte Junge sich niemandem anvertraut und von seinen leidvollen Erfahrungen erzählt.

Darüber hinaus fällt es männlichen *Opfern* schwer, ihre qualvollen Erfahrungen als sexuellen Missbrauch zu bezeichnen. Das angstvolle Erdulden sexueller Handlungen kann z. B. eine Erektion und sexuelle Erregung zu Folge haben, trotz des Umstandes, dass der Minderjährige diese grenzüberschreitenden Handlungen nicht als schön empfindet. Die meisten betroffenen Kinder werden missbraucht, ohne dass dabei körperliche Gewalt eingesetzt wird. Stattdessen werden sie vom Täter oder der Täterin in einer manipulativen Weise angegangen, dass sie es nicht wagen, sich gegen den sexuellen Missbrauch zu wehren oder *nein* zu sagen. Und genau dies für zu Verwirrung bei den betroffenen Jungen. Das Kind weiß nicht mehr, ob er den Kontakt nun selbst gewollt hat oder nicht.

In diesem Zusammenhang wird es für den Minderjährigen sehr schwer, seine schädlichen Erlebnisse als „Missbrauch" zu definieren. Die Täter*innen wissen um dieses Gefühl der *Verwirrung* und verstärken diese Wahrnehmung, indem sie bei den Jungen den Eindruck erwecken, diese hätten den Sexualkontakt selbst gewollt und als sehr angenehm empfunden. Eine Erektion oder Ejakulation wird von den TäterInnen als „*Beweis*" benutzt.

3.3 Der Fallverlauf eines betroffenen Mädchens

Während meiner beruflichen Tätigkeit als Mitarbeiterin des *Wächteramtes,* lernte ich betroffene Mädchen und Jungen, die zum *Opfer* sexuellen Missbrauchs wurden, kennen. In diesem Zusammenhang möchte ich Ihnen ein Fallbeispiel schildern, in dem ich die Namen aufgrund des Datenschutzes verändert habe. Das Gespräch bezieht sich auf die Situation eines Mädchens, welches nach ihrer Volljährigkeit, aufgrund ihres Verarbeitungsprozesses, einen Einblick in die Akte haben wollte. Als ich die junge Frau nach Jahren der Begleitung sah, freute ich mich sehr über ihr erscheinen und die Entschlossenheit den Hintergrund ihres Leids zu erfahren.

Mia war damals 4 Jahre alt, als sie ihrer Mutter erzählte, dass ihr Großvater sie auf den Bauch lege bis der weiße „die Milch" rausspritzen würde. *„Opa schnauft dann wie ein Pferd. Dann legte er mich neben sich und ich durfte nichts sagen – nicht einmal meiner Mama",* so Mia. Des Weiteren gab die damals 4-Jährige an, dass Mias Oma im Nebenraum mit ihrem Stiefbruder Conrad spielen würde. Mia hatte nicht verstanden, warum sie nicht bei Conrad sein dürfe. Aber der Großvater hatte darauf bestanden, dass sie bei ihm bleibe. Zudem gab die Kindesmutter an, dass Mia offenbart hätte, dass ihr Opa manchmal auch einen Finger in ihren Popo stecken würde oder in die „Pippinella". Als Mia sich gewehrt hatte und schnell zu Oma in den Nebenraum wollte, hielt Opa sie fest *„das hat mir sehr weh getan, dass ich geweint habe…" „Ich habe nach Oma gerufen, aber Oma kam nicht."*

Die Kindesmutter berichtete mir, dass es ihr aufgefallen sei, dass der Großvater sich immer öfters an den Wochenenden anbot, auf das Mädchen aufzupassen. Dies sei der

Kindesmutter damals sehr recht gewesen, denn nach einer hochstrittigen Trennung wurde sie alleinerziehend. Die finanziellen Mittel seien sehr knapp gewesen und die Kindesmutter war überglücklich als sie eine Jobzusage bekam. Allerdings waren die Arbeitszeiten in der Gastronomie auf die Wochenenden fokussiert. Die „Hilfe" des Großvaters kam nach Aussagen der Kindesmutter zu diesem Zeitpunkt genau gelegen. Nach geraumer Zeit bemerkte die Kindesmutter *ungewöhnliche* Verhaltensweisen. Mia hätte z. B. mit einem Hammer die Fensterscheibe zerbrochen oder sich mit einem Messer vor ihre Mutter gestellt.

Es verging kein Tag an der Wut und Aggression in diesem Haushalt nicht überhandnahmen.

Nun hatte die Kindesmutter eine Antwort auf die *„seelischen Hilferufe des Kindes"* und schmerzhafte Schuldgefühle gegenüber ihres Kindes. Nach der Offenbarung suchte die Kindesmutter das Jugendamt auf. Mia war zu diesem Zeitpunkt im Kindergarten.

Sofort wurde ein *§ 8a SGB VIII (Schutzauftrag bei Kindeswohlgefährdung) und § 1666 BGB-* Verfahren *(Gerichtliche Maßnahmen bei Gefährdung des Kindeswohls)* eingeleitet (zu den Schutzmaßnahmen und den Möglichkeiten des Intervenierens gehe ich im Kap. 6 bis 10 ein).

Behutsam ging ich mit Mia Seite für Seite der Akte durch. Als ich bemerkte, dass ihr Atem stockte oder sich ihre Augen mit Tränen füllten, schloss ich die Akte und wies darauf hin, dass sie gerne an einem anderen Tag wiederkommen könnte. Allerdings beharrte Mia den Fallverlauf fortzuführen.

Des Weiteren geht aus der Akte hervor, dass nach einigen Monaten, nach Einleitung des *§ 8a SGB VIII und § 1666 BGB* Verfahren, die Kindesmutter in der Dienststelle erschien und mich bat ihre Tochter gem. §

41 SGB VIII in Obhut zu nehmen, nachdem die mittlerweile 5-Jährige sich die Wimpern herausgerissen und ihre Unterarme geritzt hätte. Nach kurzer Abklärung, ob ich mit dem Kind alleine sprechen dürfe, begleitete ich Mia in das Spielzimmer. Während die 5-Jährige mit einem Bauernhof-Puzzle beschäftigt war, erzählte sie mir, dass Mama und ihr Freund sie schlagen würden, weil sie nicht lieb sei. Außerdem gehe sie manchmal nicht in den Kindergarten, weil Mama lieber länger schlafen möchte. Auf die Frage, was sie von der Bitte ihrer Mutter halte, gab Mia an, dass sie nicht mehr zu Hause sein wolle. „Auch meine beste Freundin Julia ist in einem Haus für Kinder, wo niemand geschlagen wird." Auf den dringlichen Hinweis, es sich gut zu überlegen, denn das Jugendamt könnte ihr und der Kindesmutter auch anders helfen, als direkt das zu Hause zu verlassen, verneinte das Mädchen vehement und fing an zu schreien: *„Ich will nicht nach Hause, ich will nicht nach Hause!",* und warf voller Wut, dass Bauernhof-Puzzle gegen die Wand. Nach einem kurzen Fachaustausch in der Dienststelle, wurde entschieden, dass das Kind zunächst Abstand aus der äußerst belastenden familiären Situationen gewinnen muss.

Nachdem ich diesen Satz beendet hatte, sah ich Mia an, um mich ihrer Reaktion zu vergewissern.

In diesem Augenblick liefen der jungen Frau die Tränen hinunter, sie sah mich nicht an und erhob sich vom Stuhl. Langsam ging sie zum Fenster und beobachtete die Menschen, die es unten im Stadthaus sehr eilig hatten. Dann sagte Mia: *„Ich wünschte ich, dass ich nie als Kind geboren wurde, doch jetzt bin ich Erwachsen und erlebe meine zweite Geburt."*

Bevor ich etwas sagen wollte, verließ Mia lächelnd den Raum. Seitdem habe ich die junge Frau nie wieder gesehen. Aber sie sandte mir einige Wochen später eine Postkarte aus dem Westen Kanadas. *„Danke für alles – die Rocky Mountains sind so viel größer als meine Vergangenheit."*

> Wenn du mich zart und sanft berührst,
> wenn du mich anschaust und mir zulächelst,
> wenn du mir manchmal zuhörst, bevor du redest,
> werde ich wachsen, wirklich wachsen.
> (Muriel James).

4

Die Täter*innen und Täterstrategien

Wenn Sie sich die Frage stellen: *„Wer sind die Täter?"*, werden Sie auf die meisten Täter und Täterinnen treffen, die gesellschaftlich integriert und anerkannt sind. So entsetzlich die Taten des sexuellen Missbrauchs an Kindern und Jugendlichen anmuten, werden Sie sich wundern, dass genau dieser Mensch an dem strafrechtlichen Vergehen beteiligt ist. Es lassen sich nach Kuhle (2015) zwei Gruppen unterscheiden: zum einen diejenigen, die eine sogenannte *„sexuelle Präferenzstörung"* aufweisen (Pädophilie oder Hebephilie), und zum anderen diejenigen, die in ihrer Sexualität eigentlich auf Erwachsene ausgerichtet sind, aber aus unterschiedlichen Gründen *„Ersatzhandlungen"* begehen.

An dieser Stelle ist es wichtig zu verstehen, dass Pädophilie und sexueller Missbrauch von Kindern keineswegs gleichgesetzt werden dürfen. Pädophile haben die Neigung, sich durch Kinder sexuell erregt zu fühlen. Die meisten von ihnen gehen dieser Neigung nicht nach, und es kommt zu keinen sexuellen Handlungen an Minderjährigen (vgl. Kuhle in Fegert, 2015, S. 110). Die Anziehung kann zu kleinen Jungen, Mädchen oder beiden bestehen. Pädophile bevorzugen allerdings Kinder des anderen Geschlechts gegenüber Kindern des eigenen Geschlechts im Verhältnis 2:1. Sind die jeweiligen Bedingungen der verschiedenen diagnostischen Manuale erfüllt, wird Pädophilie als psychische Störung, genauer als Störung der Sexualpräferenz bzw. als paraphile Störung, klassifiziert.

Das bedeutet konkret, dass man zwischen Neigung und Verhalten, zwischen einer Präferenzstörung und einer Tat unterscheiden muss. Wenn wir uns die Gruppe der nichtpädophilen *„Ersatzhandlern"* ansehen, finden Sie verschiedene Untergruppen:

- Antisoziale Persönlichkeitsstruktur (z. B. Ausnutzung anderer zu eigenen Bedürfnisbefriedigung).
- Soziosexuelle Unerfahrenheit, z. B. bei Jugendlichen (suchen den Weg des geringsten Widerstandes).
- Geistige Behinderung (Einschränkung in psychosozialer Kompetenz, mangelnde Selbstkontrolle bzw. mangelndes Verständnis für angemessenes Sexualverhalten).
- Innerfamiliäre Tatkonstellationen (allgemein grenzverletzende Konstellation, keine klaren Generationsgrenzen, häufig schleichender Beginn und/ohne Gewalt,
- Abhängigkeitsverhältnisse) (vgl. Kuhle et al. in Fegert, 2015).

Viele Täter*innen engagieren sich ganz gezielt in pädagogischen Tätigkeitsfeldern, da sie *„gut mit Kindern können"*. In diesen Arbeitsfeldern sind die Täter*innen mit ihren potenziellen Opfern nahezu täglich im Kontakt. Männliche Täter mit pädophiler Neigung, die bereits einen sexuellen Missbrauch begangen haben, weisen ein hohes Risiko für wiederholte sexuelle Übergriffe auf. Kuhle greift auf, dass bei einer ausschließlichen Pädophilie 80 % der Täter rückfällig werden. Bei den *nicht pädophilen „Ersatzhandlern"* variiert die Rückfallquote je nach Hintergrundproblematik zwischen 10 % und 30 % (vgl. Kuhle et al., 2015, in Fegert et al., 2015, S. 110). Während in meiner beruflichen Tätigkeit sich zunehmend Männer für den sexuellen Missbrauch an Kindern verantworten mussten, wurde ich mit einem Fall der weiblichen Täterschaft konfrontiert. An dieser Stelle möchte ich im Folgenden einen Fall aus der Praxis schildern, der deutliche Merkmale einer weiblichen Täterschaft zeigt. Dementsprechend spielen hier Faktoren wie antisoziale Einstellungen, Substanzmissbrauch, problematische Beziehungen und emotionale Regulationsdefizite eine wesentliche Rolle.

Anlass der *§ 8a SGB VIII*-Meldung war eine Aussage eines 7-jährigen Jungen, der gegenüber seiner Klassenlehrerin äußerte, dass sein 15-Jahre alter Stiefbruder, namens Ben, ein *„Liebesverhältnis"* zu seiner Mutter haben soll. Frau M. ist Mutter von zwei leiblichen Kindern. Vor ca. vier Jahren hatte Frau M. erneut geheiratet. Nach zwei Jahren ist die Kindesmutter des 15-Jährigen verstorben, somit war der Lebensmittelpunkt des jungen Heranwachsenden bei seinem Vater, der mit Frau M. und ihren leiblichen Kindern 5 und 7 Jahren alten Kindern bereits zusammenlebte. Frau M. stammt aus ungünstigen primärfamiliären Bedingen, erlebte durch ihren Ex-Mann häusliche Gewalt. Darüber hinaus wurde mithilfe der Biografienarbeit aufgedeckt, dass sie als 10-Jährige sexuellen Missbrauch durch ihren Stiefvater erlebte hatte. Frau M. trat grundsätzlich verunsichert auf und wirkte überempfindlich gegenüber negativer Beurteilung. Ihr Selbstbild bestand daraus, dass sie von niemanden geliebt, sondern von anderen kontinuierlich entwertet wird. In Hinsicht sexueller Kontakte fühlt sich Frau M. nur dann geliebt, wenn sie mit Männern Geschlechtsverkehrt hat. Dies steigere ihr Selbstwertgefühl. In diesem Moment fühlt sich Frau M. für ihre Partner von Bedeutung. Auf Nachfrage, wie sie ihren jetzigen Ehemann erlebe, gibt Frau M an, dass er ihr kognitiv überlegen sei, verdiente das Einkommen für die gesamte Familie und entwertete Frau M. in Bezug der Hausarbeit, dem Umgang mit Geld oder im Umgang mit den Kindern. Als die Kindesmutter zunächst einmal mit dem *Verdacht* auf sexuellen Missbrauch gegenüber des 15-jährigen Stiefsohnes konfrontiert wurde, gab Frau M., dass sie doch keine Schuld treffe.

Ben habe sie ständig *angemacht*, ihr Komplimente gemacht und auch dass seine Kumpels auf Frau M. stehen würden. Sie sei die *„MILF" („Mum I like to Fuck")* aus der Klasse. Nach Äußerungen von Frau M. sei sie eines Tages *aus Versehen* in das Badezimmer geplatzt, als Ben geduscht habe. Sie hatte sich den Föhn aus der Schublade holen wollen.

„Als ich Ben da sah, mit seinen breiten Schultern, seinem muskulösen Körper und seinem Penis wirkte er auf mich wie ein erwachsener Mann…" *„Es schien, als ob er es auch gewollt hat! Mich trifft überhaupt keine Schuld. Er hat mich verführt."* *„Mein Mann und ich hatten seit ewigen keinen Sex mehr…"* *„Wir hatten immer öfters Sex…"* *„Das war sehr schön."*

In mehrfachen Gesprächen mit der Klassenlehrerin des 7-jährigen Sohnes, gab sie an, dass das Kind bei der Äußerung wenig beeindruckt oder entsetzt wirkte. Er hatte es vielmehr *witzig* gefunden, als sein Stiefbruder Ben ihm von der *„Liebesbeziehung"* zu seiner Mutter erzählte. Diese und ähnliche Fälle sind keine Seltenheit. Gerne möchte ich Sie dazu einladen, das nächste Kapitel mit Feinfühligkeit und weniger mit Wut zu lesen. Denn nur, wer haarfeine Antennen und das gewisse Fachwissen hat, wird ein Gespür für schädliche Situationen entwickeln. Vergessen Sie nicht: Missbraucher*innen sind Profis in *„ihrem Gebiet"*.

> „Bevor sie zu der Frage nach Erfahrungen mit weiblicher Täterschaft eine
> Aussage treffen konnten, mussten die Fachkräfte oft erst einmal nachdenken
> Dass Männer eher die Täter sind, scheint Bestandteil eines Alltagsbewusstseins
> zu sein, dass teilweise – auch bei mit sexueller Gewalt gegenüber Kindern
> befassten Fachkräften – unreflektiert ist."
> (Deutsches Jugendinstitut 2011, S. 151)

4.1 Frauen als Missbraucherinnen

> „Ich kann einfach nicht glauben,
> dass eine Frau das tut!"

Während Frauen überwiegend als Opfer von sexuellem Kindesmissbrauch werden, wird die Häufigkeit zur weiblichen Täterschaft zunehmend in der Wissenschaft beachtet (vgl. Bange et a., 2002). Laut der Kriminalstatistik (Bundeskriminalamt 2000) liegt der Anteil der Tatverdächtigen für sexuellen Missbrauch an Kindern bei 2,3 %. Allerdings würde es gute Gründe geben, davon auszugehen, dass es beim sexuellen Missbrauch an Minderjährigen ein hohes Dunkelfeld gibt. Dennoch wird über die Verbreitung weiblicher Missbrauchstaten generell gesagt, dass diese Verbrechen im Vergleich zu männlichen Missbrauchstaten deutlich seltener vorkommen. In einem ausführlichen Literaturreview beschreiben Ganon und

Rose (2008a,b) deutliche Unterschiede zwischen männlichen und weiblichen Missbrauchstätern. Ein besonderes Augenmerk galt den soziodemografischen Merkmalen, den Entwicklungsbedingungen und den Tatmerkmalen.

In diesem Zusammenhang gibt es empirische Angaben darauf, dass Täterinnen jünger sind, einen geringen Bildungshintergrund. Dies bedeutet, dass die Täterinnen einen geringen sozioökonomischen Status haben. Laut Kuhle et al. (2015) sind/waren die Täterinnen meist selbst Opfer schwerwiegender, körperlicher, verbaler oder sexueller Missbrauchserfahrungen. Darüber hinaus wurden Selbstdefizite, psychische Problematiken und Abhängigkeit in der Endphase des Jugendalters (Adoleszenz) und im Erwachsenenalter festgestellt. Somit geht einher, dass sie aufgrund dessen häufig wieder in missbräuchliche und unter Umständen gewalttätige Beziehungen geraten. Parallel zu männlichen Tätern sind Missbrauchstäterinnen überwiegend vertrauensvolle Betreuungspersonen (Mütter, Angehörige, Babysitter etc.) Kuhle et al. benennen, dass es deutliche Hinweise darauf gibt, dass die Mehrheit der Missbrauchstäterinnen zwischen 50 und 70 % sexuellen Missbrauch an Kindern gemeinsam mit einem männlichen Täter (häufig Beziehungspartner) begehen, während bei männlichen Tätern eher von *Einzeltätern* ausgegangen wird.

In dem Literaturreview debattieren Gannon und Rose (2008a) einige Typologien und ziehen daraus grundlegende Übereinstimmungen, die für Täterinnen festgelegt sind. Somit gibt es in der weiblichen Täterschaft, die:

- *eher mit adoleszenten männlichen Jugendlichen sexuelle Kontakte haben,*
- *gemeinsam mit einem männlichen Täter den sexuellen Missbrauch begehen (dazu gezwungen oder genötigt werden, aus Angst und Verlust des Partners und um*

Intimität zum Mittäter zu erhalten; manchmal auch ohne Druck),
- *eher vorpubertäre Kinder sexuell missbrauchen oder*
- *Missbrauch begehen als nur einen Aspekt einer umfangreichen kriminellen Karriere*
- (vgl. Kuhle, in Fegert, 2015)

Zudem geben verschiedene Untersuchungen aus den USA und Großbritannien weiteren Aufschluss über typische Gruppierungen von Täterinnen:

Liebhaberin: Die Frau missbraucht vorpubertäre/pubertäre Jungen und definiert dies als „Liebesbeziehung". Die Täterin nimmt den betroffenen Minderjährigen als „Geliebter" wahr, der sie nicht verletzen kann, wie ein erwachsener Mann. Hier liegt nahe, dass die Täterin sich vor erwachsenen Männern fürchtet, da ihr meist selbst sexuelle oder andere Gewalt durch Männer widerfahren ist. Es sei offensichtlich, dass die Täterinnen ihre Opfer vor allem sexualisieren: z. B. sagen sie: *„Der Junge hat Sex gewollt, denn er ist frühreif."* Zudem schildern die Täterinnen weitere Verzerrungen der Realität. Sie beuten die erwachende sexuelle Neugierde, die Verwirrung, das Geschmeichelt-Sein des Jungen für ihre sexuellen Bedürfnisse aus. Während die Täterin den Jungen verführt, gibt sie gleichzeitig an, dass er Schuld sei. Meistens ist die Täterin davon überzeugt, dass es sich hier um „wahre Liebe" handle.

Mittäterin: Täterinnen unter stark dominanten Einfluss werden zumeist am Anfang von männlichen Missbrauchern genötigt, sich am sexuellen Missbrauch des Kindes aktiv zu beteiligen. Diese Gewalt der Männer richtig sich dabei häufig gegen das Kind und die

Mittäterin, die meistens die Kindsmutter ist. Aufgrund des Ohnmachtsgefühls und der massiven Ängste, gelingt es nicht der Kindesmutter, das Kind und auch sich selbst von der Gewaltsituation zu befreien. Einige dieser Mittäterinnen beenden den sexuellen Missbrauch, wenn sie vom männlichen Mittäter getrennt sind. Viele Täterinnen missbrauchen unabhängig von der Trennung weiter und erweitern den „*Bereich*" ihrer Opfer.

Außer den eigenen Kindern werden auch außenstehende Mädchen und Jungen sexuell missbraucht.

(z. B. Freunde der Kinder, Nichten, Neffen etc.).

Vorbelastete Täterin: Diese Missbraucher*innen sind in erster Linie Frauen, die selbst sexuellen Missbrauch in ihrer Kindheit erfahren hatten. Die *vorbelastete Täterin* handelt im Alleingang und wählt meist ihre eigenen Kinder, vor allem dann, wenn sie noch sehr klein sind. In ihrem Vorgehen zum Leid des Kindes, wird die Täterin sehr aggressiv, gleichzeitig verlässt sich die vorbelastete Täterin auf die Abhängigkeit des Kindes und ihren enormen Einfluss als Mutter. Hanks und Saradjian (1994) fanden heraus, dass die vorbelastete Täterin oftmals ihre Missbrauchserfahrung aus ihrer Kindheit in den sexuellen Missbrauch gegenüber ihrem eigenen Kind und/oder anderen Minderjährigen reinszenieren. Für diese Frauen ist es eine Genugtuung selbst zum „machtvollen, herrschenden" Täter zu werden. In diesem Zusammenhang erleben sie das Gefühl von Macht und scheinen sich durch die Qualen des Kindes körperliche Entspannung zu verschaffen. Dieses „positive" Gefühl in der Wahrnehmung der Täterin bestärkt sie darin, die sexuelle Missbrauchshandlung zu wiederholen (vgl. Hanks und Saradjian, 1994, in Bange, 2002, S. 205).

4 Die Täter*innen und Täterstrategien

Atypische Täterinnen: In diese Gruppierung werden diejenigen Täterinnen sexuellen Missbrauchs an Kindern zusammengetragen, die, bisher bekannt, nicht in die genannten Typisierungen passen. Es gibt beispielsweise Täterinnen, die gleichberechtigt mit Männern missbrauchen, und wiederum solche, die sich bewusst sexuell missbrauchende Männer suchen. Zu dieser Kategorie zählen auch Täter*innen, die einer ausschließlich weiblichen pädosexuellen Gruppierung angehören (vgl. Eldrige, 1997, in Bange und Körner, 2002, S. 127).

Dann gibt es eine weitere Gruppierung, die eindeutige Grenzverletzungen aus Angst vor sexuellen Missbrauch begehen: Es sind Mütter, die panische Angst davor haben, dass ihr geliebtes Kind sexuell missbraucht wurde, oder werden könnte. Diese Horrorszenarien, die sich in den Gedanken der Kindesmutter abspielen, steigern sich zu einer Hysterie, in der sie das Kind täglich genauestens befragt, jeglichen Kontakt kontrolliert und unaufhörlich die Genitalien untersucht, um Spuren eines vermuteten sexuellen Missbrauchs zu „diagnostizieren". Diese Verhaltensweisen der Kindesmutter sind eine massive Grenzüberschreitung, einhergehend mit einem missbräuchlichen Charakter.

„Sie hüllte mich von hinten in das Tuch, von Kopf bis Fuß, und rieb mich trocken
Dann ließ sie das Tuch zu Boden fallen. Ich wagte nicht, mich zu rühren. Sie trat
so nahe an mich heran, dass ich ihre Brüste an meinem Rücken und ihren Bauch
an meinem Po spürte. Auch sie war nackt. Sie legte die Arme um mich, die eine
Hand auf meine Brust und die andere auf mein steifes Geschlecht."
(vgl. Schlink 1997, S. 26)
(Roman: „Der Vorleser")

An dieser Stelle ist es mir ein wichtiges Anliegen, das Dunkelfeld bei sexuellem Missbrauch durch Frauen näher zu beleuchten: Da sind die Jungen, die um ihr männliches Selbstverständnis wahren, die Gewalterfahrungen verschweigen oder die verwischte Wahrnehmung haben, dass sie den sexuellen Missbrauch genossen haben. Mädchen dagegen, glauben, dass sie *„Monster"* seien, weil sie von einer Frau sexuell missbraucht werden, wo die Gesellschaft doch immer die Mädchen von Männern warnt. Sie haben Angst, nun lesbisch zu werden oder bereits zu sein. Zudem thematisiert die Öffentlichkeit, die Gewalt durch Frauen sehr selten bis gar nicht und Pädagogen und Pädagoginnen, die nicht das Augenmerk auf Täterfrauen legen. Des Weiteren haben Frauen viel mehr Möglichkeiten, sexuellen Missbrauch an Kindern zu tarnen. Frauen sind traditionell eher mit der Kinderpflege und ihrer Versorgung betraut – es wird von ihnen erwartet. Somit liegt es nahe, dass die Möglichkeit des sexuellen Missbrauchs durch eine Frau, insbesondere die Mutter gänzlich ausgeblendet wird.

Bislang werden offensichtliche, massive Grenzüberschreitungen als Überfürsorge, mütterliche Strenge oder offenherzige Sexualaufklärung interpretiert. Darüber hinaus ist sexueller Missbrauch durch Frauen nicht nur ein unangemessenes Streicheln, das sich im Rahmen von Körperpflege leicht verbergen ließe. Wie man es auch dreht, eine Aufdeckung ist nicht ganz einfach. Auch männliche Täter verbergen ihre Taten absolut meisterhaft (vgl. Bange et al., 2002). Des Weiteren sprechen die Experten darüber, dass sexueller Missbrauch durch Frauen eher eine Art der *„Verführung"* sei.

„Zum herkömmlichen Bild der Frau gehört, dass sie weniger zu Formen offener und körperlicher Gewalt greift, um ihre Interessen und Bedürfnisse durchzusetzen" (vgl. Wais und Galle, 1996).

In den nächsten Jahren wird davon ausgegangen, dass sich die Zahl der weiblichen Täter dramatisch erhöhen wird.

4.2 Sexueller Missbrauch durch Kinder und Jugendliche

Eine stark ansteigender „*Trend*" sei bei der Verbreitung von Missbrauchsabbildungen durch Minderjährige: Laut *Polizeilichen Kriminalstatistik* (PKS) hat sich die Zahl der Kinder und Jugendlichen, die *kinderpornografisches Material* vor allem in den sozialen Medien weiterverbreiteten, seit 2018 mehr als verfünffacht. Den Minderjährigen sei die Strafbarkeit dieser Verbreitung häufig gar nicht bewusst. Von diesem Hintergrund müssen gerade Kinder und Jugendliche viel besser über mögliche Gefahren bei der Nutzung sozialer Medien aufgeklärt werden.

Der Cyberkriminologe Thomas-Gabriel Rüdiger von der Hochschule der Polizei Brandenburg bestätigte im September 2021, dass seit mehreren Jahren feststellt wird, dass die Anzahl der minderjährigen Tatverdächtigen zum Beispiel bei *Cyber-Grooming,* aber auch bei Kinderpornografie und Jugendpornografie massiv angestiegen ist. Mittlerweile sei fast jeder zweite Tatverdächtige selbst noch ein Kind oder Jugendlicher. Die Pandemie, während der Kinder und Jugendliche länger zu Hause das Internet nutzten, habe das Problem noch verschärft. Auch die Kriminalpolizei bestätigte diese immense Problematik. Kriminalhauptkommissar Volker Olbrisch, der die Ermittlungsgruppe zu Besitz und Verbreitung kinder- und jugendpornografischer Schriften bei der Kriminalpolizeidirektion Offenburg leitet, gibt deutlich an, dass das jetzt schon 11-, 12-, 13-Jährige sind, die wirklich mit *„Hardcore Kinderpornografie"* zusammenkommen. Auf der einen Seite existieren kinderpornografischen Darstellungen, die irgendwie an die Minderjährigen herangekommen sind und dann verbreitet werden, auf der anderen Seite *„wandern"* diverse Bilder oder Videos im Netz herum, die die Jugendlichen von sich selbst machen und in Chat-Gruppen, auch sogenannten Cyber-Grooming einstellen (vgl. Sonderauswertung der Polizeilichen Kriminalstatistik).

Auch K. P. David ging bereits im Jahr 2002 auf die gravierende Problematik ein (vgl. K. P. David, in Bange und Körner, 2002) und schildert, dass ein erheblicher Teil sexualisierter Gewalt von Jugendlichen ausgeübt wird. Der Anteil an allen Tätern bewegt sich bei weiblichen *„Überlebenden"* des sexuellen Missbrauchs zwischen 15 und 46 %, bei männlichen *„Überlebenden"* des sexuellen Missbrauchs zwischen 24 und 46 %. (Bange und Deegener, 1996; Krahé u. a., 1999; Raupp und Eggers, 1993; Saunders et al., 1992).

Sexualität ist ein grundlegendes Bedürfnis von Menschen, sodass es nahe liegt, dass sich auch Kinder und Jugendliche ausprobieren. Die Heranwachsenden sind neugierig, ahmen das Verhalten von Erwachsenen nach und finden langsam zu einer eigenen sexuellen Identität.

Nachweislich sind Kinder in ihrem Lusterleben egoistisch und benötigen dringend Erwachsene, die sie respektvoll und altersangemessen in ihrer Entwicklung begleiten. Dabei ist die Gratwanderung zwischen der Befriedigung eigener Bedürfnisse und dem Wahrnehmen und Achten der Grenzen anderer unabdingbar. Aufgrund von Überforderungssituationen und kindeswohlgefährdenden Aspekten, wie z. B. seelische Misshandlung/Vernachlässigung gelingt dieser sehr wichtige Entwicklungsschritt nicht ohne Probleme. Häufig werden

4 Die Täter*innen und Täterstrategien

von Kinder und Jugendlichen im Alltag auch untereinander (körperliche) Grenzen übertreten. Die besondere Aufmerksamkeit und angemessene Einflussnahme der Erwachsenen ist an dieser Stelle maßgeblich. Kinder und Jugendliche, die aufgrund einer *Kindeswohlgefährdung* z. B. nicht bei ihren leiblichen Eltern leben dürfen, erlebten in ihrer sehr jungen Biografie, oft diese feinfühlige und liebevolle Begleitung nicht. Die betroffenen Kinder und Jugendlichen mussten mit *„Härte"*, gravierenden Brüchen in ihrem Leben zurechtkommen, die mit schmerzhaften Verlusten von wichtigen Bezugspersonen und schwierigen Entwicklungsbedingungen verknüpft sind. Gerade in den stationären Einrichtungen *gem. § 34 SGB VIII* (Heimerziehung, sonstige betreute Wohnform), in den Pflegefamilien und Erziehungsstellen der Kinder- und Jugendhilfe ist die Zahl sexuell auffälliger Kinder und Jugendlicher und damit die Wahrscheinlichkeit sexueller Übergriffe deutlich erhöht. Bundschuh und Stein-Hilbers (1998) fanden heraus, dass die *junge Täterschaft* unter deutlich traumatisierten Bedingungen in ihrer Herkunftsfamilie aufwuchsen. Auch ihre ersten Erfahrungen mit Gleichaltrigen führten ebenfalls zu einem Erleben von Hilflosigkeit und Versagens. Diese Jungen fühlen sich bei Kindern wohl, die ähnliche Defizite zeigen und ermöglichen sich damit eine Befriedigung ihrer eigenen unerfüllten Bedürfnisse. Mit diesem Kontakt zu den Kindern kompensieren sie ihre eigene Verunsicherung. Darüber hinaus wurden Zweifel an ihrer Zugehörigkeit zur männlichen Geschlechtergruppierung, als auch ihrer Männlichkeit durch negative Erlebnisse in der *Peergroup* gefördert.

Des Weiteren ist *der Verlauf zur jungen Täterschaft* durch eine frühere Überforderung gekennzeichnet. Sie mussten ihre kindlichen (überlebenswichtige)-Bedürfnisse stark unterdrücken, zugunsten eines Funktionierens als Partnerersatz. Die Folge: Eine Überanpassung an alters unangemessene Erwartungen und eine extreme Außenorientierung.

Hier werden die jugendlichen Pädosexuellen angesprochen, die sich besonders von Jungen angezogen fühlen, die ihren Wünschen Ausdruck verleihen. In der Identifizierung wird den jungen Tätern möglich „endlich einmal Kind zu sein" und finden mit diesem Verhalten einen Ausgleich für den Druck zur Überanpassung.

Eine Reihe dieser jungen Täter, waren bereits in der Justiz aktentauglich, da sie aufgrund ihrer schweren Traumatisierungen und destruktiver Sozialisationserfahrungen häufig früh Verhaltensauffälligkeiten entwickeln (vgl. K. P. Klaus, 2002, in Bange und Körner, 2002).

Ein Fallbeispiel aus der Praxis

Emil, 14 Jahre, hatte seine 6-jährige Schwester über einen Zeitraum von 11 Monaten sexuell wiederholt sexuell missbraucht. Emil war seit seinem 4. Lebensjahr in diversen stationären Jugendhilfeeinrichtungen. Er galt als „System-Sprenger": Aggressives und selbstverletzendes Verhalten, Schulabstinent und verbrachte seine Zeit hauptsächlich mit Video- und Fernsehkonsum.

Die Fachkräfte der Jugendhilfeeinrichtung fanden in Emils Zimmer „hartes Pornomaterial", in Form von Zeitschriften oder Recherchen im Internet. Nach einem längeren Aufenthalt in einer Kinder- und Jugendpsychiatrie, aufgrund von selbstverletzendem Verhalten, wurde festgestellt, dass Emil im Alter von 9 Jahren durch einen 16- jährigen Jungen aus der Nachbarschaft, bei dem Emil Playstation gespielt hatte, sexuell missbraucht worden ist. Die Kindesmutter war zu diesem Zeitpunkt selbst in psychiatrischer Behandlung: Die Ehe mit ihrem Mann war geprägt von körperlicher Gewalt und Alkoholismus. Als die Kindesmutter medikamentös gut eingestellt worden war, förderte man regelmäßige Kontakte zur Familie. Eines Abends beabsichtigte die Kindesmutter mit ihren Lebensgefährten ins Kino zu gehen und beauftragte ihren jugendlichen Sohn auf seine kleine Schwester aufzupassen.

4 Die Täter*innen und Täterstrategien

Emils Handlungen an seiner Schwester unterschieden sich nicht von sexualisierter Gewalt, die durch Erwachsen ausgeübt wird. Die Übergriffe reichen von eindeutigen Blicken über stark sexualisierte Sprache, Pornografie, Sich-berühren/befriedigen-lassen bis hin zu sexualisierten Berührungen und Eindringen in Körperöffnungen (oral, vaginal, anal), mit und ohne direkte Gewaltanwendung. Sexuelle Übergriffe passieren nicht zufällig und in den seltensten Fällen spontan. Sie werden geplant. Dem eigentlichen sexuellen Übergriff gehen viele Schritte voraus.

Wenn wir uns das Fallbeispiel „Emil" ansehen, haben sexuelle Übergriffe für den Täter/die Täterin mindestens eine oder meist mehrere Funktionen. Diese können z. B. darin bestehen:

- Macht zu demonstrieren
- auf unhaltbar empfundene Umstände aufmerksam zu machen
- Aufmerksamkeit zu erregen
- Angst oder Hilflosigkeit bei anderen auszulösen
- Grenzen auszutesten
- eigene Erregungszustände oder auch innere Leere auszugleichen
- eigene Traumata zu verarbeiten
- Besitzansprüche durchzusetzen
- sexuelle Triebe zu befriedigen
- Phantasien auszuleben
- Persönlichkeitsdefizite auszugleichen
- narzisstische Kränkungen abzubauen
- Rache auszuüben
- Neugier zu befriedigen
- eigene erlebte sexualisierte Gewalt zu reinszenieren

In einer sehr interessanten Studie von Lightfoot und Evans (2000) wurden Kinder und Jugendliche verglichen, die sexuell missbrauchend agierten, mit einer Vergleichsgruppe, die *sonstige* Verhaltensweisen aufwiesen. Die junge Täterschaft war bereits im Kindesalter durch Personen betreut worden, von denen sexuelle Übergriffe bekannt waren. Des Weiteren erlitten sie überwiegend Abbrüche zu ihrer Herkunftsfamilie oder Pflegepersonen. All diese Faktoren beeinträchtige ihre Fähigkeit zur Stressregulierung. Das Ergebnis: Die Kinder agierten belastende Situation sexuell aus und verfügten über weniger Bewältigungsstrategien. Zudem waren sie nicht imstande vorhandene Unterstützungsmöglichkeiten zu nutzen und zogen sich bei Stress primär zurück. Diese Kinder waren sich völlig alleine überlassen. Dem gegenüber überprüften Dean und Malamuth (1997) in einer Längsschnittuntersuchung ein Erklärungsmodell für die Entstehung sexuell aggressiven Verhaltens gegen Gleichaltrige. Hierbei etablierten sich zwei Risikofaktoren: *„Feindselige Männlichkeit"* und eine *„unpersönliche Sicht von Sexualität"*, die sexualisierte Gewalt begünstigen.

Während die *„Feindselige Männlichkeit"* durch ein hohes Misstrauen und stark ausgeprägte Feindseligkeit anderen gegenüber, insbesondere Mädchen und Frauen gekennzeichnet ist, meint die *„Unpersönliche Sicht von Sexualität"*, dass sexuelle Erfahrungen als losgelöst betrachtet werden von Beziehungen und emotionalem Engagement. Dies scheint pubertären Jungen weit verbreitet sein. Haben diese Jungen in ihren Herkunftsfamilien gelernt, dass Bedürfnisse nach Zuwendung zu Zurückweisung führt, scheint den Kindern eine Sexualisierung kurzfristiger Beziehungen als Ausdruck emotionaler Bedürfnisse Sicherheit zu geben (vgl. K. P. David, 2002, in Bange und Körner, 2002).

4 Die Täter*innen und Täterstrategien

Bei der *„feindseligen Männlichkeit"* können Zwang und Kontrolle als Lösungsweg, Macht auszuüben und Überlegenheit zu sichern, verstanden werden, wenn die Kinder Befriedigung oder Beruhigung durch Dominanz erleben. Die Ursache: Traumatisierungen und Ablehnungen in der Herkunftsfamilie, auch die Abwesenheit des Kindesvaters, fördern die Entwicklung *hypermaskuliner Männlichkeitsbildern* (vgl. Kindler, 1999). Zudem wurde die Empathiefähigkeit dieser Jungen überprüft: Die Bereitschaft und Fähigkeit, sich in die Einstellungen anderer Menschen einzufühlen war nur im geringen Maße bei den Kindern vorhanden. Sie hatten kaum Möglichkeiten Empathie in stabilen Beziehungen zu erleben bzw. zu lernen. **Eine gesunde ausgeprägte Empathie verhindert, dass Gewaltfantasien in Handlungen umgesetzt werden.** Kinder entwickeln Mitgefühl, wenn sie erleben, dass ihre Eltern selbst Mitgefühl zeigen, die Grenzen des Kindes respektieren und wenn sie es wertschätzen, dass sich das Kind in die Sichtweise anderer einfühlen kann. Die sogenannten *"Spiegelneurone"*, die in etwa *zwischen dem dritten und vierten Lebensjahr* voll entwickelt sind, lassen uns Handlungen und Gefühle anderer nachvollziehen. Empathisches Handeln will fleißig geübt werden, damit sich ein gesundes Mitgefühl entwickeln kann. **In diesem Entwicklungsalter ist eine *„Empathische-Erziehung"* der Eltern unabdingbar!**

„Liebe kann man lernen
Und niemand lernt besser als Kinder
Wenn Kinder ohne Liebe aufwachsen,
darf man sich nicht wundern,
wenn sie selber lieblos werden."
(Astrid Lindgren)

4.3 Von der Planung bis zur Tat

4.3.1 Die Strategien der Täter*innen

„Liebes Tagebuch, heute geht es mir sehr gut. Peter hat mich einem Besuch im Tierpark überrascht. Ich durfte die ganze Zeit an seiner Hand gehen, in meiner anderen Hand hielt ich ein großes Eis. Wir haben uns ganz viele Tiere angesehen. Wir blieben am Bärengehege stehen – das sind meine Lieblingstiere. Dabei erzählte ich Peter, was ich vormittags im Sachunterricht über Bären gelernt habe. Er hörte mir interessiert zu, was Mama niemals macht. Meistens ist sie genervt und will ihre Ruhe. Peter sagte ganz oft, wie klug ich bin, und was ich für ein schönes Kleid trage. Das ist mein Lieblingskleid. Ich berichte dir morgen mehr, denn dann treffe ich wieder Peter und wir machen einen Ausflug."

(Auszug aus dem Tagebuch eines sexuell missbrauchten Mädchens, 11 Jahre alt).

Sexueller Kindesmissbrauch ist kein zufälliges Geschehen, sondern ein sorgfältig entwickelter Plan. Der sexuelle Missbrauch soll unentdeckt bleiben, wiederholt werden können und der Täter ist aufgrund der kunstvollen Manipulation der Eltern bzw. Bezugspersonen, zuversichtlich, nicht für seine strafbaren Taten zur Verantwortung gezogen werden. Die Ziele der Täter und Täterinnen sind, die Kinder in den emotionalen Bereich der Gefügigkeit und Wehrlosigkeit zu drängen und die Wahrnehmung ihrer engsten Vertrauenspersonen, vor allem die der Kindesmutter, *dem engsten Band des Kindes,* zu manipulieren. Der Täter, die Täterin gibt sich als „liebevoller Mensch" aus und wenn es ihm glückt, das Vertrauen der Eltern zu gewinnen, gelingt dem/r Täter*in dadurch der Zugang zum Kind. Täter*innen haben ganz „feine Antennen", in dem sie die emotionale Bedürftigkeit des

Kindes, aber auch der Eltern, erspüren. Die Täterschaft erreicht auf eine ausgezeichnete manipulative Weise, die Vertrauenspersonen derart um den „Finger zu wickeln", dass die Eltern mögliche Hinweise ihres Kindes auf den sexuellen Missbrauch nicht wahrnehmen, sie falsch interpretieren oder schlimmer noch, ihren Kindern keinen Glauben schenken. Der Schlüsselplan: In erster Linie versucht der/die Täter*in das Vertrauen des Kindes, als auch das seiner Bezugspersonen zu gewinnen. Die Beziehung zu dem ‚auserwählten' Kind wird aktiv und passiv aufgebaut und gestaltet, somit erhält das potenzielle *Opfer* Aufmerksamkeit und gesteigerte Zuwendung, nach der das Kind sich sehnlichst *eigentlich von seinen Eltern/Bezugspersonen* wünscht (z. B. gemeinsame Ausflüge, zugewandte Gespräche etc.). Dem Kind wird durchgehend vermittelt etwas ganz Besonderes zu sein.

Die Täter suchen sich gezielt Minderjährige, die z. B. durch emotionale Vernachlässigung, Gewalt innerhalb des Familiensystems oder ein Leben in Armut emotional geschwächt sind. Gerade diese Kinder saugen die Zuwendung des Täters, der Täterin auf und beginnen ihm/ihr zu vertrauen.

Die „positiven Eigenschaften" des Täters schätzen diese Kinder sehr und verbringen gerne Zeit mit ihm.

> „Wähle Kinder aus, die ungeliebt sind. Versuche nett zu ihnen zu sein, bis sie dir vertrauen, und erwecke den Eindruck, dass sie von sich aus bereitwillig mitmachen. Benutze Liebe als Köder... Wähle ein Kind, das bereits missbraucht wurde. Das ‚auserwählte' Kind wird denken, dass diesmal weniger schlimmes passiert" (zit. n. Conte et al., 1989, S. 289).

Die Täter zeigen gegenüber den Kinder „zwei Gesichter": von einer Seite zeigen sie sich freundlich-zugewandt und besonders liebevoll, dann aber auch drohend-erzwingend und dulden keinen Widerspruch. Beim *außerfamilialen sexuellen Missbrauch* erkundigen sich die Täter vielfach noch vor der Kontaktaufnahme, wie die Beziehung der Eltern zu ihren Kindern ist, welche sozialen Kontakte die Kinder haben und wo ihnen etwas fehlt, was ihre besonderen Vorlieben und Gewohnheiten sind. Dieses strategische Vorgehen bzw. Vorbereiten des sexuellen Missbrauchs wird in der Fachliteratur als *„grooming process"* bezeichnet (vgl. Bullen, 1995, S. 55). Beim *außerfamilialen sexuellen Missbrauch* finden die Täter einen *„einfachen"* Weg, Mädchen und Jungen aufzusuchen, z. B. in Schwimmbädern, auf Spiel- und Sportplätzen oder in den Computerabteilungen großer Kaufhäuser – eben dort, wo sich Kinder gerne aufhalten. Die Täter spüren ganz genau, welche Kinder sich dort lange aufhalten und kein Bedürfnis zeigen, nach Hause zu gehen. Durch die *„feinen Antennen"* des Täters, nimmt er dies als Hinweis für eine gewisse emotionale und soziale Bedürftigkeit an.

Des Weiteren engagieren sich zahlreiche Täter*innen z. B. in Sportvereinen und pädagogischen Arbeitsfeldern. Allein durch diese aktive berufliche Tätigkeit können die Täter bei vielen Eltern und anderen Erwachsenen sich des Vertrauens sicher sein, der sie davor schützt, als Sexualstraftäter verdächtigt zu werden. Wenn die Kontaktaufnahme zu dem ‚auserwählten' Kind gelungen ist und der Täter beginnt diesen zu vertiefen, wird jeder kindliche Wunsch erfüllt und das betroffene Kind kann sich zahlreicher Geschenke „erfreuen". Selbst die Wohnungen der Täter sind teilweise kindgerecht eingerichtet: Sie sind im Besitz von Spielzeit und Computerspiele entsprechend der Altersgruppe der von ihnen ‚auserwählten' Kindes. Ebenfalls erhalten die Kinder Geld und kommen somit in den

Genuss von Privilegien, welche eine weitere Kooperation erhöhen (vgl. Fegert et al. 2015).

Durch dieses kontinuierliche Eingehen auf die Bedürfnisse der betroffenen Kinder halten die Täter das Interesse der Kinder wach (vgl. Bange, 2011). Im nächsten *„strategischen Täterzug"* – *der sexuellen Annäherung,* testen die Täter die Widerstandsfähigkeit des Kindes. Die Täter wissen ganz genau, was sie tun, sprechen offen über Sexualität, bieten „Sexualaufklärung" an und wecken so die *kindliche Neugierde (!)*. Darüber hinaus laufen sie nackt in der Wohnung herum und fordern das Kind auf, dies auch zu tun. Meistens beginnen die Täter mit einer schleichenden *Desensibilisierung* des Kindes in Bezug auf körperliche Berührungen. Gerne möchte ich das Täterverhalten an dieser Stelle konkretisieren: *Seine Strategie der sexuellen Annäherung* folgt immer demselben Muster, an den Schwächen und Bedürfnisse des Kindes anzuknüpfen, es in seiner Wahrnehmung über „gut" und „schlecht", über kindgerechte und übergriffige sexuelle Berührungen zu verwirren und mit zunächst scheinbar unbeabsichtigten, scheinbar zufälligen Berührungen an einen Körperkontakt zum Täter zu gewöhnen.

Dem/der Täter*in wird nicht entgehen, ob das Kind mit anderen über die Grenzüberschreitung spricht.

Um diesem vorzubeugen, erklären viele Täter „es" zu einem Geheimnis. *„… Schließlich handelte es sich um eine ganz normale Aufklärung".*

Die schleichende und steigernde Sexualisierung bemerken die Kinder oft erst dann, wenn ein Ausbrechen aus der Situation nahezu Auswegs los ist. Dem/der Täter*in gelingt es auf eine raffinierte Art und Weise, das Kind selbst zu „Lustgefühlen" zu bringen, um damit eine Abhängigkeit zu erzeugen, die das Kind aufgrund seines Entwicklungsstandes nicht selbst überblicken konnte. Durch diesen *„strategischen Täterzug"* wird dem, auserwählten' Kind, „normales" sexualisiertes Verhalten, vermittelt: *„Es macht dir doch Spaß." „Du hast doch nie ‚Nein' gesagt." „Du wolltest das doch auch, sonst wärst du nicht immer wieder zu mir gekommen, oder?"* Voller Verwirrung wird das Kind zustimmend nicken.

„Sichere" Opfer sind aus der Sicht des Täters Kinder und Jugendliche, die sie leicht manipulieren lassen, sowie Kleinkinder und Kinder im Vorschulalter, die von der Justiz in der Regel nicht als zeugenfähig eingeschätzt werden. Für den Täter scheint es durchaus ein „Kinderspiel", beim Kind Schuldgefühle herzustellen, nachdem der sexuelle Übergriff stattgefunden hat: *„Du hast doch die Berührungen genossen."* … *„Und damit hast du kein Recht auf Abwehr und Hilfe von außen." „Du warst diejenige, die zu mir gekommen ist, um zu spielen."*

Darüber hinaus nutzen Täter*innen nach einem begangenen sexuellen Missbrauch **emotionale Erpressung,** um die Verschwiegenheit und die weitere sexuelle Gefügigkeit zu erhöhen, indem die TäterInnen z. B. damit drohen, bestimmte Geschenke oder andere Privilegien zu entziehen, die Kinder zu verletzen oder zu beschämen (vgl. Kuhle et al., 2015). Das Kind befindet sich aufgrund seines Entwicklungsstandes in einem absoluten Teufelskreis. Ziel dieser Täterstrategie ist es, den Widerstand des Kindes zu durchbrechen und eine grundlegende Basis für die Duldung von Eskalationen des sexuellen Missbrauchs an dem Kind und für die Einforderung der Befriedigung der sexuellen Bedürfnisse des Täters zu erreichen (vgl. Heiliger, 2002).

Nimmt der/die Täter*in beim Kind größeren Widerstand oder Signale der „Hilfeschreie" wahr, wird der sexuelle Missbrauch nur in den seltensten Fällen beendet. Der Täter hat in diesem Augenblick Angst aufzufliegen. In den meisten Fällen wird der Druck auf das Kind erhöht, z. B. wird Gewalt angedroht oder auch eingesetzt. *„Wenn* *deine Eltern etwas erfahren, haben sie dich nicht mehr lieb und geben dich ins Heim." "Ich bringe Charlie, deinen Hund um, wenn du was sagst." "Wenn du unser Geheimnis verrätst, komm ich ins Gefängnis." "Ich bringe mich um, wenn du es erzählst."* Dies sind alles wirkungsvolle Methoden und bringen das Kind in Ohnmacht. In einem Fall berichtete eine betroffene Minderjährige, dass ihr Vater, vor ihren Augen, das Zwergkaninchen umgebracht hatte und das geliebte Haustier sonntags als Braten auf dem Tisch stand. Nur das Mädchen wusste von dieser Grausamkeit, allen anderen Familienmitgliedern wurde erzählt, dass das Zwergkaninchen weggelaufen sei.

Typische Merkmale für den sexuellen Missbrauch an Kinder im familialen Umfeld ist nicht nur eine jahrelange Planung und Vorbereitung, sondern ebenso die jahrelange Dauer der Missbrauchshandlungen, die der Täter als für sich „positiven Effekt" seiner Strategie genießt.

Nach Ruppert sind die von A. Heiliger zusammengefassten *Täterstrategien* im Folgenden benannt, die sie aus der Analyse von Gerichtsakten identifiziert hat:

- Strategien der sexuellen Annäherung an das Kind: spielerische Annäherung mit kleinen, wie zufällig erscheinenden Übergriffen; dem Kind werden seine eigenen Gefühle ausgeredet und umgedeutet.
- Strategien zur Absicherung des Zugangs zum Kind: Aufwertung zum „Lieblingskind", Werben um Verständnis für seine Bedürfnisse, Verführung, Bestechung, Geheimhaltungsgebot und Isolierung durch Beeinflussung und Schüren von Misstrauen gegen die Kindesmutter bzw. Bezugspersonen → Die Kinder erleben über einen langen Zeitraum (meist über Jahre) sexuellen Missbrauch.
- Täterstrategie nach der Aufdeckung: Das Kind wird als Lügner bezeichnet. Der Täter sieht sich als das eigent-

liche Opfer; Drohstrategien gegen Therapeuten, Sozialarbeiter und Behörden (Verleumdungsklagen u. a.); Verdrehung der Verantwortlichkeit; Täter stellt sich als vom Kind verführt hin.
- Täterstrategien nach Verurteilungen: Auch nach gerichtlichen Verurteilungen kommt es oft nicht zu einer Verantwortungsübernahme, sondern zu Entlastungsargumenten (vgl. Schlicher, 2020).

> Eine andere Strategie, um die ‚auserwählten' Kinder zu verwirren und ihre Wahrnehmung zu „vernebeln", den sexuellen Missbrauch in der Nacht im Halbschlaf des Kindes zu beginnen und am nächsten Morgen so zu tun, als sei nichts gewesen.

So facettenreich die Strategien im Einzelnen erschienen oder es konkret auch sind, so erfolgten diese strategischen Vorgehensweisen nach den gleichen Musterprofilen, mit denen ein *unschuldiges Kind* getäuscht, benutzt, geängstigt, mit denen ein soziales Umfeld manipuliert und enge Bezugspersonen funktionalisiert werden, um ein einziges Ziel zu verfolgen: *das Kind sexuell zu missbrauchen, wann wie und solange der Täter es will.*

4.3.2 Manipulation des nicht missbrauchenden Elternteils

> „Immer wenn ich mich doof benommen habe, das ihm nicht gepasst hatte, dann hat Ralph mich total ignoriert. Dann war ich wie in Luft aufgelöst. Dann hat er gesagt: „Deine Mama hat schon recht, wenn sie sagt, dass du ein unmögliches Kind bist und total nervst. Dann sollte ich zu ihr gehen, obwohl Mama nie Zeit für mich hatte und mich wieder in das

Zimmer schickte. Aber Papa war immer für mich da. Es gab den guten und den „anderen" Papa am Abend." (Juliette, 13 Jahre).

Ein gutes Wissen darüber zu haben, dass die Täter strategisch vorgehen und die Wahrnehmung sowohl des Kindes, als auch seiner Bezugspersonen gezielt verzerren, ist maßgeblich in der Arbeit bzw. einer (privaten) Begegnung mit einem *nicht missbrauchenden Elternteil*, der vielleicht lange Zeit „nichts bemerkt" hat. Allerdings ist es durchaus möglich, je intensiver Sie sich mit dem sogenannten *Täterkreislauf* beschäftigen, kann es gelingen, diese Täterstrategien zu durchschauen und sogar zu durchbrechen – zum Schutze des Kindes.

Die Täter erzielen wirkungsvoll, die Kinder von ihren Eltern zu isolieren und einen Keil in die Eltern-Kind-Beziehung bzw. beim *innerfamilialen sexuellen Kindesmissbrauch* in die Beziehung zwischen dem nicht missbrauchenden Elternteil und das Kind voranzutreiben. Morris beschreibt dieses Vorgehen als eine der häufigsten angewendeten Täterstrategien und bezeichnet es als „*maternal alienation*" (vgl. Morris, 2003, S. 2 f.). Bei einem *innerfamilialen sexuellen Kindesmissbrauch* wird die Beziehung zum nicht missbrauchenden Elternteil strategisch geschwächt bzw. eine bestehende schlechte Eltern-Kind-Beziehung weiter vertieft. Die *nicht missbrauchende Bezugsperson* wird z. B. negativ dargestellt, während der Täter sich als die bessere „Vertrauensperson" ausgibt. Der Täter präsentiert sich für das Kind als einziger zuverlässiger „Elternteil" und dass er das Kind mit seinen Ängsten und Nöten versteht. Diese systematische Manipulation geht in der Aussage von „*Juliette, 13 Jahre*" hervor.

Der Vater des Kindes kennt den täglichen Ablauf in der Familie und kann diesen systematisch nach seinen

Bedürfnissen steuern. Er kennt seine Tochter ganz genau und weiß, wie er dafür sorgen kann, dass es nicht mit ihrer Mutter über den sexuellen Missbrauch spricht. Vielfach nutzt der Täter bereits bestehende Probleme in der Mutter-Kind-Beziehung geschickt zu seinem Vorteil aus und verstärkt diese gezielt.

Durchgehend benannten die Mütter der betroffenen Kinder dieselbe Sichtweise auf den „heimlichen" sexuellen Missbrauch des Kindesvaters. Sodass ich im Laufe meiner Tätigkeit im Jugendamt die Ohnmacht und die Schuldgefühle der Mütter erlebt hatte:

> „Ich erinnerte mich an alltägliche Szenen, die mir die Wut und den Abscheu des sexuellen Missbrauchs an Kindern hochtrieben. Wie konnte ein Mensch ein doppeltes Spiel treiben? So voller Liebe meines Mannes, meiner Gutgläubigkeit und Naivität habe ich einfach nichts bemerkt. Ich fand es schön, dass mein Mann sich Zeit für unser Kind genommen hatte. Ich konnte es einfach nicht fassen. Hätte ich solche Szenarien in anderen Familien erlebt, wäre mir sich die Schädigung des Kindes aufgefallen – aber so hatte ich nichts bemerkt."

Die Väter sind allein durch ihre väterliche Rolle geschützt. Für die allermeisten Mütter und Außenstehende ist es unverständlich, wenn der Vater aufgrund von sexuellem Missbrauch an ihrem Kind verdächtigt wird. Man kann einfach kein harmonisches Familienleben führen, wenn man seinem Partner unterstellt, er könne das gemeinsame Kind sexuell missbrauchen (vgl. Rijnaarts, 1988, S. 163). Vor allem in den letzten Jahren sind Väter bezugnehmend auf die Erziehung ihrer Kinder engagierter denn je. Darüber hinaus wird es sogar vehement eingefordert.

Wenn dann z. B. ein Vater eine enge Beziehung zu seiner Tochter pflegt, um vielleicht aufgrund mangelnder familiären Ressourcen die Kindesmutter zu entlasten, sei dies Ausdruck väterlicher Liebe und partnerschaftlicher Unterstützung.

Darüber hinaus liegt es in der Manipulation des nicht missbrauchenden Elternteils nahe, jeglichen Außenkontakt zu isolieren. Sie verbieten ihren Frauen, sich mit anderen Frauen zu treffen oder zum Sport zu gehen. Zudem werden den gemeinsamen Kindern Freizeitaktivitäten verboten. Der nächste strategische Zug ist, dass die Täter sich beim Besuch „unmöglich" benimmt, um weitere Besuchskontakte zu verhindern. Hierzu eine Täter-Aussage:

> „Ich würde meiner Frau und meinen Kindern nicht erlauben, sich Freunde außerhalb der Familie zu suchen. Dies hält die Familie isoliert und dadurch sinkt die Möglichkeit, erwischt zu werden" (vgl. Conte, Wolf & Smith, 1989, S. 297).

Des Weiteren möchte die betroffenen Kinder nicht, dass ihre geliebte Mutter bzw. der nicht missbrauchende Elternteil etwas über „das Geheimnis" erfährt. Die Kinder möchte ihrer Mutter, bzw. dem nicht missbrauchenden Elternteil Kummer ersparen und habe massive Ängste vor deren Reaktionen.

> „Meiner Mutter wollte ich auch nichts davon sagen,
> weil ich sonst schuld gewesen wäre,
> wenn die Beziehung zwischen meiner Mutter und meinem Papa kaputt geht,
> und wir dann kein Geld mehr hätten
> (Nina, 9 Jahre)

Alle Täter sind *Meister der Manipulation*. Es geht ihnen vor allem um Macht, die Sexualität ist das Mittel zum Zweck. Sie bauen solide „massive" Gebäude auf, um Geheimhaltung zu garantieren. Ihre Tat wird im Vorfeld präzise geplant. Die meisten Täter hören von sich selbst nicht auf und sind Wiederholungstäter. Somit darf es nach der Aufdeckung absolut keinen Kontakt zwischen Kind und TäterIn mehr geben darf, denn immer wieder aufgerissene Wunden bei Kindern können nicht heilen. Zum *Heilungsprozess der Kinderseele* gehört ein unumstößlicher Schutz!

Anita Heiliger (2000) fand bei einer Untersuchung von 29 Gerichtsakten zzgl. Interviews mit Mädchen und Frauen, deutliche Hinweise dafür, dass einige Täter schon bei der Partnerwahl sich für Frauen entscheiden, die eine schwache Persönlichkeit haben, in eigenen Problemen verstrickt sind, und/oder ein eher traditionelles Frauenbild leben.

> „Warum hat meine Mama meine Qualen nicht mitbekommen?"
> (Maria, 10 Jahre)

Viele betroffene Kinder entwickeln als Folge des sexuellen Missbrauchs Verhaltensauffälligkeiten. Auch an dieser Stelle greift der Täter, die Täterin strategisch ein: Sie nutzen ihre Beziehung zu den Eltern der auserwählten' Kinder, um sich selbst als „Berater" / „Beraterin" im Umgang mit den Verhaltensauffälligkeiten der Kinder anzubieten. Gezielt versuchen die Täter im Kontakt mit Müttern und Vätern das Aufkommen eines Verdachts des sexuellen Missbrauchs zu zerstreuen, und reden den Eltern andere Erklärungen als Ursache für die Probleme ihrer geliebten Kinder ein. Häufig sollen diese angeblich im Elternhaus des Kindes begründet sein. Aufgrund des aufgebauten Vertrauens stimmen die Eltern dem zu und „überlassen" das Kind unwissend dem Täter.

Darüber hinaus suchen Täter auch gezielt alleinerziehende Mütter oder Väter auf, um deren Kinder sexuell missbrauchen zu können. Hierbei nutzen die Täter die oftmals schwierige Lebenssituation der Eltern aus. Die Eltern freuen sich über die „neue Liebe" und wollen nicht durch den Vorwurf eines sexuellen Missbrauchs das „neue Glück" gefährden. *„Seitdem Harald da ist, ist alles so viel besser geworden."* – können Aussagen einer alleinerziehenden Mutter sein, die den „geheimnisvollen" Täter als Unterstützung im Alltag erlebt und gewinnt ein wenig Zeit als Frau (vgl. Bange, 2011). In weiteren Fällen, in denen Stiefväter oder Lebensgefährten der Mütter sich als Täter identifizieren, begann die sexuelle Gewalt kurze Zeit, nachdem sich die Beziehung zur Kindesmutter gefestigt hatte.

Trotz all der o.g. Strategien sind und bleiben die Mütter die größte Bedrohung. Demzufolge fordern fast alle Täter beim *innerfamilialen sexuellen Kindesmissbrauch* ihre „Auserwählten" auf, ihren Müttern nichts zu erzählen. Dem gegenübergestellt wird die Beziehung zu den Eltern beim *außerfamilialen Kindesmissbrauch* (weiter) verschlechtert und versucht, eine Entfremdung zwischen dem Kind und den Kindeseltern zu erreichen. Selbst bei den Geschwisterkindern oder im Freundeskreis wird diese Strategie angewandt. Das „auserwählte" Kind wird ersichtlich bevorzugt und zum Lieblingskind gekrönt. Dem Täter ist bewusst, dass dadurch Neid und Ablehnung gegen das betroffenen Kind provoziert wird.

Doch wie gelangen diese Täter in die *außerfamilialen Lebensverhältnisse?* In erster Linie nehmen Täter*innen beim *außerfamilialen Kindesmissbrauch* Kontakt zu den Eltern auf, versuchen sich mit ihnen anzufreunden und sich Schritt für Schritt ihr Vertrauen zu erschleichen.

Dann bieten die Täter*innen den Eltern ihre Hilfe an, z. B. auf das Kind aufzupassen. Dabei legen die Täter*innen großen Wert darauf, seriös und verlässlich zu wirken.

Salter (2006, S. 67) beschreibt im Folgenden ein Zitat von einem Täter, dass illustrieren soll, über welches „ausgezeichnetes" *strategisches Geschick* er verfügt:

> „Ich möchte Ihnen einen Triebtäter beschreiben, den ich sehr gut kenne. Dieser Mann wurde von Eltern großgezogen, die gläubige Christen waren. Noch als Erwachsener blieb er ein treues Mitglied seiner Kirche. Auf der Highschool und dem College war er ein glatter Einserschüler. Er hat geheiratet und ist Vater eines Kindes. Er trainierte die Baseball-Minimannschaft. Er war Chorleiter in seiner Kirche. Er hat nie illegale Drogen genommen. In seinem Leben keinen Tropfen Alkohol getrunken.
> Er galt aus aufrechter, mustergültiger amerikanischer Junge. An zahlreichen Bürgeraktivitäten seiner Gemeinde nahm er als Freiwilliger teil. Er hatte einen gut bezahlten Karrierejob. Er galt in Gesellschaft als „umgänglich". Aber ab dem Alter von dreizehn Jahren an leistete er sich sexuelle Übergriffe an Jungen. Er hat sich nie an einem Fremden vergangen. Sämtliche Opfer waren seine Freunde… Ich kenne den Mann gut, denn ich bin es selbst."

4.3.3 Das Interview mit einem Täter

Vor einiger Zeit lernte ich Frau Mechthild Gründer (Dipl. Sozialarbeiterin, Kinder- u. Jugendlichen-Psychotherapeutin, Fachbuchautorin u. a.) kennen, die mir von ihrer Arbeit mit Sexualstraftätern berichtete. Ich verspürte eine Art Ehrfurcht vor dieser Expertin auf dem

Gebiet – denn zu jener Zeit hatte ich mir nicht vorstellen können, Sexualstraftäter in therapeutischen Gesprächen zu begegnen, oder in „ihrer Notlage" zu unterstützen. Die strafrechtlichen Konsequenzen, mit der Kraft der Staatsanwaltschaft, der Zusammenarbeit des Familiengerichts, der Gerichtsmedizin etc. war mir im Rahmen des *„Wächteramtes"* bzw. der *„Garantenpflicht"* klarer und zielgerichteter, die Manipulationen und Verzerrungen der Realität des Täters auffliegen zu lassen, den Täterkreislauf zu durchbrechen, Schutzkonzepte auszuarbeiten, und damit das Kind vor weiteren Qualen zu beschützen.

Die Sicherung des Kindeswohls hat absoluten Vorrang.

Auf Nachfrage, welche Motivation Gründer bei der Arbeit mit Sexualstraftätern habe, hörte ich nur selten diese ruhige und beharrliche Entschlossenheit: *„Nur wer sich der Arbeit mit Sexualstraftätern annimmt, kann einen weiteren sexuellen Kindesmissbrauch verhindern und damit einen ‚Wiederangriff' gegen ein Kind stoppen…" „… Dann ist zumindest ein Täter ‚geheilt' – oder mit guten Gründen eingesperrt und vergreift sich an keinem (weiteren) Kind mehr."*

Im Folgenden möchte ich Ihnen ein Interview mit einem Täter aus der Fachliteratur von Deegener (1995, S. 27) zitierend vorstellen, dessen Aussagen stark verdeutlichen, wie verzerrt die Wahrnehmung des Täters „Herr X." auf den sexuellen Kindesmissbrauch ist. Dem Experten gelingt es durch die Interviews einen Einblick in die Gedankenwelt des Täters, seine Erinnerungen, Empfindungen, Fortführung des sexuellen Kindesmissbrauchs, Ängste betreffend des erwischt werden u. a., zu erhalten. Zudem betont Deegener, dass eine der schwierigsten Aufgaben in der Begegnung mit sexuellen Missbrauchen wohl in deren Konfrontation mit unseren Anhaltspunkten, Überzeugungen, Hinweisen, Vermutungen und Fantasien über den von ihnen begangenen sexuellen Missbrauch.

Wenn Sie diese Zeilen lesen, werden Sie vielleicht sogar selbst eine Art Wut und Empörung verspüren.

Dennoch brauchen wir einen klaren Geist und Vernunft, um die strategische Vorgehensweise, als auch die verzerrte Empfindung des Täters zu erkennen, um im Falle eines Verdachts reagieren zu können.

Herr X, wie hat sich der sexuelle Kindesmissbrauch mit L. (Stieftochter) nach Ihrer Erinnerung entwickelt? „Nun, das ist schwierig zu sagen, wie es sich entwickelt hatte… Ich erinnere mich, dass L. selbst danach Bedürfnis hatte. Alle Kinder bekamen ihre Streicheleinheiten, aber die Grenzen zum Sexuellen war fließend. Als L. 10 Jahre alt war, da hat sie mir mal ihre Hand zwischen die Beine geführt, ich hab' die Hand zurückgezogen, so getan, als ob es ein Versehen gewesen wäre. Aber später, als sie in die Pubertät kam, hat sie sich mir mal provozierend nackt gezeigt, auch meine Frau ist eingeschritten und sagte: „Stell dich mal nicht so hin!" Aber bei Zärtlichkeiten, so über den Rücken streicheln, da wurde es für mich auch interessant, auch mal so über die Brust zu streicheln. Irgendwann hat sie mir erzählt, was andere Mädchen so machen, so Prahlereien von Mädchen, die sich wichtig machen wollen, aber so durch dieses Gespräch, da ist mein Interesse an ihr geweckt worden. Kann mich gut an einen Sommer erinnern, da war es sehr heiß, da wollten wir uns einen schönen Nachmittag machen, wir haben uns gegenseitig eingecremt, sehr liebevoll – es hat mich gestört, dass meine Frau damals dabei war, hatte das Gefühl, es hätte weitergehen können. Dann später auch mal die Brust gestreichelt. Gegen Ende des Sommers, habe ich im Zelt gelegen, da, plötzlich kam L. rein „zu Dir wollte ich", da war plötzlich so eine Art gegenseitiges Einverständnis, ich hab' sie so gestreichelt, Rücken, Brust, und ich hab' angedeutet, dass es auch schönere Möglichkeiten gebe, dass es zwischen den Beinen noch schöner sei, und sie hat gesagt, sie glaubt es zwar nicht, aber ich soll es mal versuchen, obwohl ich persönlich glaube, sie wusste es und wollte es. Erst hat es sie gekitzelt, als ich nur an den Schamhaaren war, aber als ich mehr an ihre kleine Scheide kam, sagte sie, es wäre ihr sehr angenehm. Es war dann so ca. 10 min, dann wurde L. von meiner Frau gerufen. L. wollte erst nicht, aber ich hab' sie aufgefordert zu gehen, zur Frau. Dann hab' ich sie aufgefordert „nachher kommst Du noch mal, machen wir noch ein bisschen". Sie kam dann auch, aber wir wurden bald gestört durch Besuch. In der Nacht wollten die Kinder im Zelt schlafen, L. hat gebeten, ich soll zu ihr kommen, ich wollte erst nicht, bin dann in der Nacht aufgestanden, bin dann zu ihr ins Zelt gegangen, wir haben Zärtlichkeiten ausgetauscht, ich war sehr erregt, habe auch meinen Penis an ihre Scheide geführt. Sie wollte das, aber nach paar Minuten hab' ich so Beklommenheit oder Ängste bekommen. Plötzlich war mir klar, dass irgendwas passiert, was nicht mehr rückgängig zu machen ist. Ich hab' nicht gedacht, dass L. irgendwelchen Schaden dadurch hat, mehr so an strafrechtliche Konsequenzen gedacht. Hab' dann zwei Tage später im Strafgesetzbuch nachgeschlagen, das Gefühl ist gar nicht zu beschreiben, so ein inneres Beben, so voller Ängste, da hat alles rotiert bei mir im Kopf.

Ich war zu dem Schluss gekommen, wenn L. es erzählen würde, würde ich es leugnen. Ich hab' mich dann ein bisschen gefangen, hab' gemerkt, dass sie ein Interesse hat an solchen Zärtlichkeiten. Dann ging die Initiative mal von mir, mal von ihr aus, aber sie auch sich plötzlich auch gesperrt, wenn die Initiative von mir aus ging. Es war für mich recht unklar, was sie wolle. Wenn ich L. so mal fragte: „Ich glaub' du hast mal wieder Lust", fragte sie erstaunt: „Woher merkst du das?", aber das konnte ich schon merken am Gesamtverhalten. Dann waren auch paar Wochen mal Pause – irgendwie hatte ich den Eindruck, sie wollte mich provozieren, wenn meine Frau in der Nähe ist, das hat mich irritiert, die sollte ja nichts wissen, ich wollte ja als der unbescholtene Vater dastehen, und ich glaub', dass L. sehr enttäuscht von mir war. Es gab ja viele Spannungen zwischen L. und meiner Frau, z. B. wegen der Schule. Das hat dann auch immer Spannungen zwischen mir und meiner Frau geführt. Kaum hatte ich die Tasche abends nach der Arbeit hingestellt, bekam ich einen Schandtatenbericht über L. Das hat mich sehr gestört, wollte auch mit meinem Inneren angenommen werden, und L. hat es so empfunden, ich wollte ihr die Stange halten. Zudem hatte ich das Gefühl, dass meine Frau sich auf den Kleinkrieg mit L. einlässt. Nicht das meine Frau Unrecht hatte, aber sie hat zu viel daraus gemacht. Das musste nicht sein, denn das vergiftete das Klima."

Wie ging es weiter mit L.? „Ja, die Provokationen, wenn meine Frau in der Nähe war – so einerseits die Rolle des Vaters, andererseits der Liebhaber, da kam ich durcheinander. Interessanterweise, wenn ich mich ihr nähern wollte, und es war Gelegenheit, es störte niemand, dann hat L. sich zurückgezogen, irgendwann hab' ich ihr dann gesagt, das sei doch unklug, und irgendwann hat sie dann mitgespielt. Es kam zu intensiveren Zärtlichkeiten, wo sie dann auch auf den Höhepunkt kam.

Was meinen Sie damit? „Ja, mehr Zeit. Mein Penis war nicht beteiligt – ich mein' das nicht gezielt auf das Geschlechtliche, der Körper war mehr beteiligt. Es war mehr Zeit. Nicht mehr so die Konzentration auf das Geschlechtsteil. Ich hab' ihr auch bewusst nur über den Rücken gestreichelt, um zu demonstrieren, es sind nur harmlose Sachen, falls wir mal in einer verfänglichen Situation erwischt worden wären."

4 Die Täter*innen und Täterstrategien

Sie haben eben aber auch von ‚Höhepunkt' gesprochen?!
„Geschlechtlicher Höhepunkt, Körpererleben, ja – ja, auch vaginal gestreichelt, es kam auch zu Kontakten mit meinem Penis, aber nur äußerlich. Sie wollte eigentlich auch Verkehr haben, aber ich hatte Angst wegen zu großem Penis, hatte Angst, wenn es zu einer ärztlichen Untersuchung gekommen wäre, hätte man es feststellen können. Das waren zumindest die vordergründigen Bedenken. Lust hatte ich schon gehabt.

Zu dieser Zeit kam es auch zwei bis dreimal zu Kontakten mit Penis zu ihrer kleinen Scheide, auch mal zwei bis dreimal Samenerguss – auch ihr mal die Scheide geküsst und so, aber das war alles erst nach einer gewissen Zeit. Ich kann mich auch an eine Situation erinnern, wo meine Frau zu ihrer Mutter fuhr, wo wir sehr viel Zeit miteinander hatten. L. wollte nicht mitfahren und ich wollte ohnehin mit der Mutter meiner Frau nichts zu tun haben, denn es gab zu viel Streit – ja, wir haben so ein Brettspiel gemacht, und als meine Frau wegfuhr, hat L. gesagt, „jetzt sind wir allein", und das war für mich das Signal, dass sie sexuell etwas mehr wollte. Es war für mich auch ein schöner Nachmittag. Früher hatte sie sich gesträubt meinen Penis anzufassen, jetzt hat sie das auch angefangen zu machen, insbesondere bei diesem Nachmittag. L. hat es sehr genossen. Sie blieb bei mir den ganzen Nachmittag und ist nicht weggegangen. Sie hat es als sehr schön empfunden."

Wie lang ging denn dieser sexuelle Missbrauch? „So ca. sieben oder acht Monate ging es, dann hat sich L. immer mehr gesträubt und L. schien dann auch größere Kontaktschwierigkeiten in der Schule zu bekommen. Irgendwo kamen bei mir allmählich wieder Gewissensbisse, gerade, weil sie sich zurückgezogen hatte, sodass ich auch immer mehr in Schwierigkeiten genommen bin. Dann hab' ich versucht mit ihr zu sprechen, aber sie hat sich immer mehr verschlossen. Plötzlich lief dann gar nichts mehr. Zwischendurch wurden wir auch mal von ihrem Lehrer in die Schule gerufen, der hatte Auffälligkeiten genannt. L. sei immer mehr zurückgezogen und sei manchmal wie erstarrt. Ich habe damals versucht, mit ihr ins Gespräch zu kommen, und dann kam dir der Gedanke, „Mensch, wo könnte ma sich vertrauensvoll hinwenden?". Die Schwierigkeiten mit L wurden größer. L. war dann auch mal abends weggelaufen, mit ihrem Hund. Ich hab' sie überall gesucht. Sie war die ganze Nacht nicht zu Hause. Wir waren davon ausgegangen, sie sei mit jemanden mitgefahren. Urplötzlich sei L. dann doch wieder aufgetaucht. Ich hab' mir damals sehr viele Gedanken gemacht, wie es innerlich in L. aussehen könnte, und zum anderen, ob sie was von unserem Geheimnis preisgibt. Auf jeden Fall waren dann intensive Gespräche mit der K., wo L. jede Woche hingegangen ist. Ich war überzeugt, irgendwann wird L. auspacken, aber es kam nichts, und ich hab' es nicht fertig gebracht, irgendetwas anzusprechen."

Meinen Sie mit L.? „Nein, mit L. ging es nicht mehr, aber mit K. Ich hab' auch häufig gedacht, mich an den Kinderschutzbund zu wenden, aber ich habe dem misstraut, hab' große Angst gehabt, dann geht die Familie kaputt, ich im Gefängnis, keinen Beruf mehr – also, ich bin davon ausgegangen, wenn da was hochkommt, bricht die Familie auseinander. Ich war immer wieder hin und hergerissen, soll ich es total verschweigen, soll ich es sagen, war total nervlich fertig, konnte nicht mehr… Dann konnte ich nicht mehr arbeiten, bin dann krankgeschrieben worden, von K. Sie sagte, dass ich überlastet war.

Und wie ging es L.? „Bei L. hatte ich so widersprüchliches Verhalten erlebt, einerseits Zuneigung, andererseits Rückzug, obwohl ich nicht das frühere fortsetzen wollte. Aber L hat gesagt, da ist nichts – und die schizophrene

Situation, einerseits Rügen erteilt, andererseits vertrauensvolles Gespräch gesucht über das alles, hat irgendwie nicht zueinander gepasst. Dann kam ich in Kur und L. kam mit knapp 16 Jahren in die Klinik.

Und warum kam L. in die Klinik? „Wegen Verkrampfungen (Hyperventilation). Das fing während meiner Kur an. Hab' mir sehr stark Gedanken gemacht, hab' mir frei genommen, bin zu ihr gefahren, in die Ferienmaßnahme. Weiß nicht mehr so genau, aber L. hatte auch gesagt, ich solle nicht zu ihr kommen. Dies hatte sie zu meiner Frau gesagt. Aber da war ich schon unterwegs. Als ich sie dann mal allein besucht habe, hat L. mir eröffnet, dass sie mit ihrem Therapeuten darüber sprechen wollte, der würde es ohnehin ahnen. Irgendwie konnte ich es mir nicht vorstellen, hab' gedacht, das gibt's nicht, dass sie sich mal öffnen würde. Ich war total fertig „was kommt jetzt?", denn eines war mir klar, dass jetzt irgendeine Strafmaschinerie in Gang gesetzt wird. Bin dann manchmal noch zu L., hab' nochmal nachgefragt, ob es richtig sei, dass sie mit ihrem Therapeuten darüber spricht, oder ob sie lieber mit mir darüber sprechen könne. Hab' ihr auch gesagt, was für schlimme Folgen das für mich hätte, dass ich in's Gefängnis käme… Hab auch gesagt, es würde für die Mama sehr schlimm werden, wenn sie alles erfährt. L hat dann nach dem Gespräch in der Klinik auch zu Hause angerufen. Ich wusste nicht, was meine Frau wusste, aber ich sah ihr an, sie wusste was, als ich nach Hause kam. Dann hab' ich in meiner Not K. angerufen, auch dort gesprochen. K. hat sich sehr vorsichtig vorgetastet, was da alles gelaufen ist. Hat mir dann geraten, mich an den Therapeuten von L. zu wenden. Das war eigentlich das Schlimmste, zu sagen, so und so sieht es aus, und ich hatte fest damit gerechnet, dass da so eine Strafmaschinerie in Gang gesetzt wird, ich war fest entschlossen, wenn das so würde, würde ich mir hier meinem Leben ein Ende setzen.

Welche Gründe sehen Sie im Nachhinein, dass L. sexuell missbraucht wurde? „Das ist so vielschichtig, so viele Gründe. Ist ja auch eine Entwicklung von mir. Ich hatte als Kind auch viele sexuelle Probleme. So mit sechs oder sieben Jahren, als so einige Jungen – als wir uns die Hosen runtergezogen haben, hat uns so eine ältere Tante erwischt…" … „Gewalt, Schläge, Hiebe, keine Liebe. Ein schreckliches Elternhaus…"

5

Individuelle Signale und Verhaltensweisen betroffener Kinder

Kinder senden an ihre Umgebung individuelle Signale und Verhaltensweisen aus, um auf ihre Not hinzuweisen. Die Ausdrucksformen stehen mit dem Alter des Kindes, der Dauer und Schwere des Missbrauchs und von der Beziehung des Kindes zum missbrauchenden Erwachsenen in Zusammenhang.

5.1 Zur Psychodynamik des Opfers bei sexuellem Missbrauch

> „Die Grenzen der Seele wirst du nicht finden,
> auch wenn du alle Wege durchwanderst. So tiefen Grund hat sie."
> (Heraklit).

Die meisten betroffenen Kinder machen ihre ersten sexuellen Missbrauchserfahrungen vor dem zwölften

Lebensjahr. Allerdings gibt es altersmäßig nach unten hin keine Grenze: Der sexuelle Missbrauch kommt bereits im Säuglingsalter vor. Sexueller Missbrauch in der Kindheit wird in der wissenschaftlichen Literatur, aber auch in der Gesellschaft, als ein schweres Kindheitstrauma beschrieben. Angesichts der zum Teil sehr schwer psychischen Schädigungen, mit denen Therapeuten, aber auch Sozialarbeiter, Sozialpädagoginnen, Erzieher u. a. konfrontiert werden, müssen wir uns die Frage stellen, was an den sexualisierten Handlungen, die die unschuldige Kinderseele ertragen musste, eigentlich so zerstörerisch ist? Was ist es genau, was das Kind seelisch nicht verkraftet und was schwer traumatisch wirkt?

Kinder, die sexuellen Missbrauch erfahren mussten, erleben eine tiefe Erschütterung ihres Weltbildes. Was ist gut? Was ist böse? Was ist richtig? Was ist falsch? – werden zunehmend in der Wahrnehmung des heranwachsenden Menschen verzerrt. Die Welt als sicheren Ort gibt es nicht mehr (Enders, 2001). Betroffene Kinder sind auf ihrem gesamten Leidensweg, seelischen Qualen ausgesetzt. Zudem kann in den meisten Fällen von sexuellem Missbrauch „nichts" nachgewiesen werden, d. h. es gibt kaum körperliche Anzeichen der Gewalt.

An diesem Punkt möchte ich ein psychologisches Gutachten erwähnen, welches einst auf meinem Schreibtisch landete. In einer Gerichtsverhandlung wurde beschlossen, dass das Kind S. (4 Jahre) sich einem psychologischen Gutachten unterziehen müsse, nachdem die 4-Jährige sich ihrer Mutter anvertraut hatte. Die Aussagen von S.: *„Opa hat Muschi angefasst, bis weißer Saft rausspritzte." „Opa hat geguckt, mit dem Finger, wo ich Pipi mache"* – waren in meinen Augen mehr als deutlich, während die Gutachterin an der Glaubfähigkeit der 4-Jährigen zweifelte. Statt dem Sachverhalt näherzukommen und ein klares Bild einer Straftat zu erhalten, wurde der Fall mit diesem schaurigen Ergebnis abgeschlossen. Zu Protokoll wurde genommen, dass der Großvater sich dem Kind nicht mehr nähern dürfe. Ich konnte einfach nicht verstehen, warum diesem Kind nicht geglaubt wurde. In einem Fachgespräch beim *„Runden Tisch: Prävention sexueller Missbrauch"*, ging ich der Frage intensiv nach und wollte vehement Antworten von meinen Kollegen in Erfahrung bringen. Schließlich konnte ich nicht still sitzen, wenn das Familiengericht sich mit diesem Gutachten zufriedengab. Es gab keinerlei physische Spuren des sexuellen Missbrauchs und nach Aussagen der Gutachterin auch keine psychischen Auffälligkeiten. Mit anderen Worten: Das Kind S. (4 Jahre) hatte sich etwas zusammen gereimt. Von dem Zeitpunkt an, hatte ich es mir schwer zu Herzen genommen, S. und ihre Mutter intensiv zu begleiten, um den sexuellen Missbrauch aufzudecken. Denn *ich glaubte diesem Kind.* Dann, mit 6 Jahren zeigte S. massive Verhaltensauffälligkeiten, in Form von selbstverletzendem Verhalten, Aggressionen und Brutalität gegen die Kindesmutter. Darüber hinaus sei S. in der ersten Klasse aufgefallen, dass sie sexualisierte Bilder male (z. B. nackte Männer, Penisse, die auf einem Bauch liegen, etc.). Dann kam S. in die Klinik, da sie Suizid begehen wollte. Die Fakten auf juristischer Sicht waren ausreichend. Schon bald rief ich das Familiengericht erneut an – Eilverfahren – Im direkten Zug wurde eine entsprechende Stellungnahme und Beschwerde an das Oberlandesgericht zugestellt. Die Richterin des damaligen Verfahrens wurde in eine andere Fachabteilung versetzt. Dem Kind wurde endlich geglaubt. Der Großvater wurde verurteilt.

Die heutige 12-Jährige ist stabilisiert und verbringt sehr viel Zeit mit ihrem Hund „Bugg" – dem sie vertraut.

In diesem Fallbeispiel ist es offensichtlich, dass das oftmals tabuisierte Thema dem betroffenen Kind erschwert, Gehör zu finden und Glauben geschenkt zu bekommen. Wenn dann auch noch das Helfersystem dem Kind „misstraut", aufgrund von unzureichender „Faktenlage" ist das Gefühl der Ohnmacht für eine Kinderseele unzumutbar. Das kindliche Vertrauenssystem ist damit völlig zerstört.

Die unzumutbaren Gefühle des Ausgeliefertsein wird durch die Tatsache ausgelöst, dass dem betroffenen Kind das ureigenste Recht auf Selbstbestimmung über den eigenen Körper genommen wird – das Kind wird zum Objekt der Bedürfnisbefriedigung eines Erwachsenen gemacht.

Folge dessen glaubt sich das betroffene Kind selbst nicht und schenkt seinen Gefühlen keine Beachtung mehr. Hinzu kommt der Umstand, dass die *versteckten Hilfeschreie* des Kindes häufig nicht wahrgenommen werden. Besonders häufig ist dies der Fall, wenn die Person, von der die Hilfe primär erwartet wird, also die Mutter, selbst in ihrer Lebensgeschichte von Missbrauch betroffen war und bisher nicht imstande war, sich diesem Thema zu widmen und den erlebten Missbrauch therapeutisch aufzuarbeiten. Die eigene Betroffenheit, das eigene Gefühl der jahrelangen Gefangen- und Alleingelassenheit in der Missbrauchssituation verhindert, die Not des vom selben Schicksal betroffenen Kindes wahrzunehmen und vergrößert somit die Ohnmacht des Kindes (Enders 2001).

Was hier deutlich wird, ist eine verheerende Traumatisierung des Kindes. Wenn wir uns die Definition der Traumata nach Shengold (1989) ansehen, ist ein Trauma eine seelische Verletzung, eine tiefe seelische Erschütterung. Traumatisch wirken Ereignisse, die plötzlich und unvorhersehbar mit einer ungeheuren Intensität in den Organismus eindringen und die Seele überfluten. Im Falle einer traumatischen Einwirkung versagt das *Ich* in seiner ursprünglichen Funktion als Schutz und wird somit

5 Individuelle Signale und Verhaltensweisen ...

von drastischen Reizen überflutet. Um dies verständlicher zu machen, müssen wir uns die „Sprachverwirrung" in Bezug der Zärtlichkeit und der Leidenschaft, zwischen dem Erwachsenen und dem Kind ansehen. Dafür brachte Ferenczi bereits im Jahr 1933 ein Beispiel: Ein junges Mädchen macht im kindlichen Spiel den Vorschlag, dass sie die Rolle der Mutter einnimmt. Das Kind meint das Spiel „zärtlich" im Gegensatz zum Vater, der „leidenschaftlich" reagiert. Die Bezugsperson benutzt das Spiel, indem er sich an seiner Tochter sexuell befriedigt. Aufgrund des Alters ist das Mädchen dieser Situation absolut ausgeliefert und ist zu keiner unmittelbaren Abwehrreaktion fähig. Das Kind ist durch eine ungeheure Angst paralysiert und überhaupt nicht in der Lage, sich auch nur in Gedanken zu wehren. Aus der Perspektive des Kindes spielt sie mit ihrem Vater das typische Kinderspiel „Mutter-Vater-Kind". Der Vater plant sein Vorgehen geschickt und arrangiert, dass seine Tochter ihre Aufmerksamkeit auf seinen entblößten Penis lenkt. Aufgrund der kindlichen Neugierde folgt das Mädchen diesem „Spiel" und befolgt den Anweisungen ihres geliebten Vaters. Das Mädchen ist keineswegs sexuell interessiert, sondern ist absolut geleitet von ihrer kindlichen Anteilnahme, die alles Neue erfahren will. Just in diesem Moment steigert sich die Erregung des Mannes. Der Papa verändert sich durch seine sexuelle Erregung in seinem Aussehen und Verhalten.

Die eben noch geliebte Vertrauensperson wird dem Mädchen plötzlich fremd, was sie in diesem Spielverhalten nicht erwartet hätte. Dieses Geschehen überfällt das Kind ausnahmslos. Durch diese fremde Eigenartigkeit der eigentlichen Bezugsperson ist sie diesem Fremden völlig allein ausgeliefert – allein. Niemand ist anwesend, der das Kind befreien könnte. Das Mädchen ist vor Angst wie gelähmt. Ihr Papa, der die angsterfüllten Augen seiner kleinen Tochter sieht, unterbricht sein Tun nicht, so wie es ein nicht-missbrauchender Vater tun würde. Der missbrauchende Vater löst die Situation nicht auf, geschweige denn er käme seiner Tochter zur Hilfe. Die Angst seines Kindes steigert seine Erregung und führt sein Vorhaben bis zu seiner sexuellen Entspannung durch.

Die betroffenen Kinder spüren den Hass und die Aggressionen, die den Täter leiten und interpretieren den heftigen schnaufenden Atmen, als Wut und Hass gegen sich selbst. Normalerweise schützt das *Ich* vor Reizüberflutungen. Aber in dieser für das Kind ausweglosen Situation, ist ihre Persönlichkeit noch zu wenig gereift, somit reagiert die Psyche in dieser existenziellen Not, in dieser Todesangst mit *Spaltung*.

Während ein nicht missbrauchender Elternteil Ängste erläutert und Halt gibt, erhält das betroffene missbrauchte Kind nach Beendigung des sexuellen Übergriffs keine Erklärung, keinen Trost, keine Unterstützung bei der Verarbeitung. Der Vater tut so, als sei überhaupt nichts geschehen. Das kleine Mädchen ist allein. Kann sich niemandem anvertrauen, da ihr unter Androhung von Strafe verboten ist, darüber zu sprechen. Aufgrund dieser Geheimhaltung, des Sprechverbots, nimmt dem Kind jede Möglichkeit der dringend erforderlichen Verarbeitung. Das Kind wird nach jedem sexuellen Missbrauch automatisch gezwungen sich dem Willen des Täters unterzuordnen, jede seiner Wunschregungen zu erraten und zu befolgen, was auch immer der Täter für ein sexuelles Bedürfnis hat und somit sich selbst ganz vergessend und unterdrückend, sich mit dem Täter vollständig zu identifizieren. Die Todesangst der sexuell missbrauchten Kinder löst eine Persönlichkeitsspaltung aus, die die Einverleibung der *„Täter-Gefühle"* notwendig macht. Für das sexuell missbrauchte Kind ist dies die einzige Möglichkeit, psychisch zu überleben. Das bedeutet, dass das Kind Hass- und Vernichtungsgefühle des Täters auf sich nimmt und diese introjiziert. Das betroffene Kind hat nun das Gefühl, Schuld an der Bedrohung zu sein. Die Psyche schafft sich damit einen „Ort des Überlebens", in dem Persönlichkeitsanteil die qualvolle Situation umdeutet: Das Kind spürt nicht mehr ihre Ohnmacht, die Todesängste, das Gefühl des Ausgeliefertsein – sondern die Psyche des Kindes macht sich selbst zur aktiv Handelnden. Um sich aus der Todesangst zu befreien, verwandelt das betroffene Kind, die äußere Realität in eine innere verzerrte Wahrnehmung.

Es ist wichtig zu verstehen, dass an diesem Punkt die Spaltungen aus einer existentiellen Not heraus geschehen (vgl. Reddemann und Sachsse, 1997, S. 115). Dennoch erfährt nicht jedes Kind, das sexuell missbraucht wurde, durch dieses Leid eine massive Traumatisierung. Ob ein sexueller Missbrauch für ein Kind traumatische Folgen hat, hängt von vielen Faktoren und den Ressourcen des Kindes ab. Die wesentlichen Merkmale, um festzustellen, wie gravierend die Folgen sind, ist an folgenden Bedingungen geknüpft: Wie ist die Persönlichkeit des Kindes? Wie lang war der Zeitraum, in dem das Kind sexuellen Missbrauch erlebt hat? Wie ist die Beziehung, die das Kind zum Täter zur Täterin hat? Und auch der Zeitpunkt und die Art der Hilfe und Unterstützung, die es von seiner Umgebung erhält, sind ein wesentlicher Faktor.

Von sexuellen Missbrauch betroffene Kinder erleben die Welt nicht als einen sicheren, geborgenen und geschützten Ort. Die Eltern bieten keine Sicherheit. Manchmal geht von ihnen selbst die Bedrohung aus, sie nehmen die Bedrohung nicht wahr oder sie glauben dem Kind nicht. Das Zuhause, das eigene Zimmer, das eigene Bett, die Orte, die eigentlich Schutz, Geborgenheit und einen Rückzugsort bieten sollten, sind keine sicheren Orte mehr. Die Kinder sind immer im Ungewissen, wann der nächste sexuelle Übergriff stattfindet, die mit einer ungeheuren

Angst begleitet wird. Der eigene Körper, dessen persönliche Integrität verletzt worden ist, wird als wehrlos erlebt. Das Erfahren der in der grundlegenden Bedürfniswelt eines Kindes verankerten Werte von Schutz, Halt und Raum bleibt diesen Kindern verwehrt. Das Grundvertrauen in sich und die Welt ist gebrochen, das bis in das Erwachsenenalter in vielen Lebensbereichen wiederzuerkennen ist.

Eine Traumatisierung durch sexualisierte Gewalt unterscheidet sich grundsätzlich von anderen Traumata wie z. B. der frühe Tod eines Elternteils oder einem Autounfall dadurch, dass es keine Vertrauensperson gibt, die das Geschehene anhört oder nachvollziehen kann. Ein „außen" ist nicht vorhanden. Das Kind hat nicht die geringste Chance bei der Verarbeitung der Grausamkeit. Vor diesem Hintergrund ist es für die von sexualisierter Gewalt Betroffenen enorm wichtig, dass das Geschehene ausgesprochen und damit Wirklichkeit werden darf. Nur dann haben die Betroffenen eine Chance den sexuellen Missbrauch zu verarbeiten (vgl. Reddemann und Sachsse, 1997).

5.2 Kindliche Ausdrucksformen zum Erkennen von sexuellem Missbrauch

„Kinder sagen die Wahrheit,
wenn sie von sexuellem Missbrauch berichten."
(Braun, 1991).

Mit sexuellem Missbrauch wird Kindern unfassbares Leid angetan. Manchmal wird ihnen geglaubt – oftmals aber auch nicht. Dann muss einige Zeit vergehen, bis der *Schmerz der Kinderseele* durch die *physischen und psychischen Auffälligkeiten* des Kindes hin durchdringt.

Doch welche Hinweise gibt es auf sexuellen Missbrauch eines Kindes? Vielen sexuell misshandelten Kindern ist die leidvolle Erfahrung gemeinsam, dass ihre Versuche, auf ihre qualvolle Lebenssituation aufmerksam zu machen, von den meisten Erwachsenen nicht aufgegriffen werde, oder können. Der Versuch, die „stillen Hilferufe" der nicht Kinder beachtet, isolieren sie sich oft und warten vergebens auf eine Situation oder eine Person, die es aus kindlicher Sicht aussichtsreicher macht, noch einmal eine Bemühung der Aufdeckung zu wagen.

Hinsichtlich einer Einschätzung über das Vorliegen einer Kindeswohlgefährdung in Bezug auf körperliche oder sexuelle Kindesmisshandlung unterscheiden sich diese Formen der Misshandlung fundamental. Während körperliche Kindesmisshandlung, wie Hämatome, Frakturen, Verbrennungen oder andere mehr oder weniger sichtbare, die nicht durch einen Unfall verursacht, sondern durch nicht hinreichende Erklärungen der Eltern erklärte Verhaltensmuster hinweisen, fehlen diese maßgeblichen Faktoren bei sexueller Kindesmisshandlung. Nur dann, wenn ein Kind eine spontan recht klare Aussage tätigt oder eine Geschlechtskrankheit, als auch Verletzungen diagnostiziert werden, die nur durch den sexuellen Kontakt zwischen dem Kind und einem Erwachsenen erklärt werden können, liegt eine Einschätzung der sexuellen Kindesmisshandlung vor.

Eine indirekte Diagnose des sexuellen Missbrauchs ist in der Regel nicht möglich! Zielführend im Sinne eines Nachweises des Kindesmissbrauchs bleibt in der Regel allein das Gespräch mit dem Kind bzw. Jugendlichen, um dessen Aussage zu erhalten (vgl. Enders, 2015).

Aufgrund der meist jahrelangen Geheimhaltung sprechen sehr viele Mädchen und Jungen bis ins Erwachsenenalter hinein nicht über ihren Missbrauch. *Die Geheimhaltung des sexuellen Kindesmissbrauchs* wirkt sich immens auf die kindliche Psyche aus. Betroffene Kinder und Jugendliche, die innerfamilialen sexuellen Missbrauch erlebten, sprechen seltener über den sexuellen Missbrauch, die durch Bekannte oder Bezugspersonen missbraucht wurden. Für diesen Zusammenhang gibt es unterschiedliche Erklärungen: Die Kinder beim innerfamilialen sexuellen Missbrauch haben in der Regel zum Täter eine enge Bindung, die aufgrund des sexuellen Missbrauchs mehrheitlich ambivalent ist („guter Papa – böser Papa"). In einer Studie von Berliner und Conte (1990) gaben über die Hälfte der Kinder an, sie würden den Täter, die Täterin lieben, würden ihn/sie mögen, bräuchten ihn/sie bzw. seien von ihm/ihr abhängig. Allerdings gab aber auch gleichzeitig die Hälfte an, sie würden den Täter, die Täterin hassen („Er war nicht mehr mein Vater, er war für mich ein Monster."). Darüber hinaus brauchen Kinder zum Aufwachsen den Schutz und die Integrität der Familie. Diese Familiensituation möchten Kinder – *trotz des sexuellen Missbrauchs* – nicht verlieren.

Es macht den Eindruck, dass durch die Geheimhaltung des sexuellen Kindesmissbrauchs *„ich darf darüber nicht sprechen, sonst wird Mama was Schlimmes angetan"*, sich der Missbrauch auch nicht eindeutig körperlich zeigen darf. Diese schmerzhafte Situation des Kindes unter der Geheimhaltung, die Hilflosigkeit, Ohnmacht und sogar Todesängste beinhaltet, führt dazu, dass die betroffenen Kinder auf andere Formen der verbalen Äußerungen zurückgreifen müssen, um auf ihre Situation aufmerksam zu machen. Die *„Kinderseele"* will endlich Gehör finden – und dies geschieht zunächst durch eher *unspezifische Signale und Verhaltensreaktionen*. Über alle Altersgruppen hinweg zeigt sich ein anhaltendes Gefühl massiver Ängste, Verwirrungen, Verhaltens extreme, alters unangemessenes Sexualverhalten etc. In allen *psychodynamischen* „Fällen" sind diese Signale und Symptome als *Hilferufe* (!) des Kindes zu verstehen.

> „Narben gibt es nicht nur auf der Haut,
> sondern auch unter der Haut,
> und sogar auf der Ebene der einzelnen Zellen
> Und jede Verletzung hinterlässt Narben,
> ob man sie nun sieht oder nicht
> Der Körper merkt sich alles."
> (unbekannt).

5.3 Altersspezifische Reaktionen

Die von sexuell missbrauchten Kindern gezeigten *Signale und Reaktionen* sind vielen Professionen bekannt, in denen Kinder auf traumatische Lebenssituationen oder andere psychisch belastende Erfahrungen hinweisen wollen. Selbst wenn mehrere Symptome gleichzeitiger auftreten, ist ein vorsichtiger Umgang absolut erforderlich, sonst besteht die Gefahr eines niemals zu verzeihenden Irrtums und massiven Einschnitt in die Lebensbiografie des Kindes, aber auch vielleicht eines „unschuldigen" Erwachsenen. Bei sexuell misshandelten Kindern geht immer eine massive Häufung der Symptome einher und sollte aufgrund des Vorhandenseins von mehreren Symptomen Anlass zur Sorge sein. Ein sexueller Kindesmissbrauch sollte dann unbedingt als Erklärung*(*versuch) der Ursache der Symptome miteinbezogen werden. Schließen Sie bitte einen sexuellen Missbrauch an einem Kind nicht von vornherein aus, sondern behalten Sie Ihren *Verdacht* fokussiert. *Was Sie bei einem Verdacht tun sollten, führe ich in* Kap. 6 *fort.*

5.3.1 Säuglingsalter

„Das sprengt jede Dimension."

Wenn wir vom sexuellen Kindesmissbrauch im Säuglingsalter hören oder in Filmen nachgestellt wird, stehen uns die Haare zu Berge und ein eiskalter Schauer zieht über unseren Rücken. Im Jahr 2012 zeugte ein Paar mit Vorliebe für Sadomaso-Sex ein Kind, um es später zu missbrauchen. Allerdings ist dieses Motiv nicht strafbar. Für eine Verurteilung ist nur der geschehene Missbrauch entscheidend. Über monatelang hinweg schmiedeten die Eltern Pläne. Als der Säugling fünf Monate alt war, wurde es erstmalig für pornografische Zwecke missbraucht. Der Vorsitzende Richter des Essener Landgerichts fasste in seinem Urteilsbeschluss zusammen: „Die Angeklagten haben einen schutzlosen Säugling zum bloßen Objekt ihrer sexuellen Begierde degradiert und seine Menschenwürde mit Füßen getreten." Glücklicherweise erlitt der Säugling keine körperlichen Verletzungen. Die Richter folgten der Einschätzung einer Gutachterin und gehen derzeit nicht davon aus, dass der Säugling Schäden davongetragen hat. Doch nicht alle Säuglinge bleiben von gravierenden Verhaltensreaktionen verschont.

In diesem Zusammenhang möchte ich Ihnen im Folgenden ein Beispiel aus der Praxis schildern, dass die Signale und Reaktionen eines Säuglings verdeutlichen, welches zum Opfer sexuellen Missbrauchs wurde: Eines Tages meldete sich die Klinik, dass ein Säugling (4 Monate) vorstellig gewesen sei, mit Verletzungen der Analregion, wie ein tiefer perianaler Einriss und Hämatome um den Analbereich. Nach Aussage der Kindesmutter, habe der 5-jährige Bruder, dem Säugling einen runden langen Baustein in den Po geschoben, seitdem würde es aus der Analregion stark bluten und der

Säugling ließe sich keineswegs beruhigen. Des Weiterem sei dem Chefarzt aufgefallen, dass der Säugling augenscheinlich einen fast „leblosen" Eindruck machte. Beim Windelwechseln schrie der Säugling kontinuierlich und ließ sich nur schwer durch die Kindesmutter trösten. Als die Kindesmutter, den Säugling stillen wollte, wandte sich Kind von der Brust ab. Die Kindesmutter war sehr verwundert, denn es habe seit 3 h keine Nahrung zu sich genommen. Auf Nachfrage wo der Kindesvater sei, gab die Kindesmutter an, dass „er jetzt sein Feierabendbier trinke".

Bereits der Säugling bemerkt schon frühzeitig eine angespannte und bedrohende Atmosphäre. Plötzlich sieht der Vater oder die Mutter „anders" als, große Augen, schnaufende Atmung, hält vielleicht sogar Arme und Beine des Kindes fest, sodass sich das Kind nicht lösen kann etc.

Dieses verändernde Verhalten des Täters oder der Täterin wirken auf das Kind lebensbedrohlich.

Der Säugling versucht sich der veränderten Umwelt anzupassen, der Versuch misslingt in den meisten Fällen und physische und psychische Reaktionen sind die Folge. Die Null bis Einjährigen zeigen vermehrte Schreckhaftigkeit, verminderte Beruhigbarkeit, Interaktionsstörungen, Neurodermitis, massive Ängste, Schlaf- und Fütterungsstörungen, als auch eine gestörte Bindungsentwicklung. Darüber hinaus wirken die Kinder als hätten sie eine „erloschene Lebensfreude".

Der Umgang mit Kindern bei Verdacht auf sexuellen Missbrauch erfordert einen hohen zeitlichen Aufwand, Fortbildung und Engagement. Ärzte sind gefordert, ein empathisches, zugleich rationales und fachlich fundiertes Vorgehen zu praktizieren. In Zusammenarbeit mit weiteren Professionen bzw. einer multiprofessionellen Vernetzung, kann ein sexueller Missbrauch aufgedeckt werden – auch wenn das Kind aufgrund seiner Altersentwicklung noch nicht sprechen kann. Eine Vielzahl von psychischen Auffälligkeiten und Verhaltensauffälligkeiten können Folge sexuellen Kindesmissbrauchs sein, ohne dass eine einzelne Auffälligkeit oder auch eine Kombination von Auffälligkeiten eine verlässliche Diagnose erlauben (vgl. Herrmann et al., 2014).

5.3.2 Kleinkindalter (bis 3 Jahre)

> Grundsätzlich gilt, dass Kinder von sich aus kaum Lügen über sexuellen Missbrauch erfinden

Nur die wenigsten betroffenen Kinder sprechen über den sexuellen Missbrauch. Hat der Missbrauch sehr früh begonnen, verstehen sie noch nicht, was mit ihnen passiert oder geschehen ist. Selbst wenn die Kinder, denen unfassbares Leid angetan wurde, schon etwas älter sind, fehlt es ihnen meist an den Ausdrucksmöglichkeiten, um zu erklären, welchen Schmerz sie empfinden.

Mögliche Symptome bei missbrauchten Kindern im Kleinkindalter (bis 3 Jahre)

- Sie klammern sich stark an die Bezugsperson/Mutter.
- Sie wollen nicht mehr allein mit „dieser Person" zu Hause bleiben.
- Sie haben Schlafstörungen und Albträume.
- Sie zeigen plötzliche Verhaltensänderungen.
- Sie nehmen an Gewicht ab oder zu oder entwickeln Essstörungen.
- Sie lehnen Zärtlichkeiten ab.
- Sie zeigen unangemessenes sexualisiertes Spielverhalten.
- Sie haben massive Ängste vor Fremden.

- Sie teigen Symptome der Verwirrung.

Sexuell misshandelte Kindern versuchen oft, auf sich aufmerksam zu machen, indem sie Misshandlungssituationen reinszenieren. Die sexuellen Handlungen werden mit Puppen oder Kuscheltieren wiederholt. Darüber hinaus ist es nicht selten, dass bereits im Kleinkindalter die versucht wird, z. B. durch die Misshandlung jüngerer Kinder ihre traumatischen Erfahrungen zu verarbeiten. Dabei setzen die betroffenen Kinder, ähnlich wie Erwachsene, auch Bedrohungen ein oder wenden körperliche Gewalt an (vgl. Johnson, 1989, 1988; Cantwell, 1988). Auch der Dialog mit Fantasiegefährten kann eine Form dissoziativer Symptombildung zum Selbstschutz sein. Diese Übererregbarkeit zeigt sich bei den betroffenen Kindern zusätzlich in Konzentrationsstörungen, Wutausbrüchen, motorisierter Hyperaktivität und übertriebener Schreckhaftigkeit.

Weitere typische Symptome für Kinder im Alter von eins bis drei Jahren können zzgl. der o. g. Signale im Säuglingsalter sind unter anderem:

- Gefühlsschwankungen, Unruhezustände, Hyperaktivität, Apathie, ängstlich angespannte Wachsamkeit, Mutismus, regressive Symptome, wie Entwicklungsretardierung (Fertigkeiten, Sprache, Motorik, anklammerndes Verhalten (vgl. Krüger, 2007).

5.3.3 Vorschulalter (3 bis 6 Jahre)

Viele Symptome könnender allgemein auf unverarbeitete psychische Konflikte im Leben eines Kindes hindeuten. Treten sie jedoch gehäuft auf, so sind sie fast immer Anzeichen eines sexuellen Kindesmissbrauchs. Sexuelle Übergriffe stellen für Kinder eine starke emotionale Verwirrung dar, sie sind stark verunsichert und fühlen sich schuldig für das, was ihnen angetan wurde. Besonders Zweifel an der eigenen Wahrnehmung und das Gefühl der Ohnmacht schwächen das Selbstbewusstsein von Mädchen und Jungen, die zum Opfer sexuellen Missbrauchs wurden. Die Signale und Reaktionen auf sexuelle Gewalterlebnisse zeigen sich häufig im zwanghaften Verhalten. Besonders Mädchen entwickeln z. B. sehr oft einen Waschzwang, um ihren Körper von der „Beschmutzung" zu reinigen. Manchmal vernachlässigen die betroffenen Kinder ihren Körper vollkommen oder futtern sich ein „dickes Polster" an, um möglichst abstoßend auf den Täter zu wirken.

Betroffene Kinder im Vorschulalter zeigen nach Krüger (2007) folgende typische Symptome:

- Somatisierungen (Kopf- und Bauchschmerzen).
- Wiederholen traumatischer Erlebnisse mit Spielsachen, evtl. Äußerungen über Flashbacks.
- Dissoziative Symptome, wie „Ins-Leere-Starren".
- Tickstörungen.
- Regressive Symptome: Einnässen, Einknoten, sozialer Rückzug, rückläufige Sprachentwicklung (Babysprache), Verlust bereits erlangter Fähigkeiten, Daumenlutschen.
- Autistoide Symptome, wie Zwangsstörungen.
- Aggressives Verhalten.
- Schlafstörungen (Albträume)
- Öffentliches und andauerndes Masturbieren

Einige Kinder zeigen ihre deutlichen *Hilfeschreie* nach außen, durch Kontakt und Beziehungsschwierigkeiten, z. B. Knüpfen von Freundschaften, durch die Ablehnung der Geschlechtsrolle, Flucht in eine Fantasiewelt, Essstörungen, Rückzugsverhalten, Einzelgängertum, psychische Auffälligkeiten, wie z. B. Depressionen. Darüber hinaus haben betroffenen Kinder die sogenannten „*Frozen Watchfullness*" – eine eingefrorene Wachsamkeit. Diese Kinder gucken mit starren Augen, ohne sich zu bewegen, beobachten ihre Umgebung haargenau und versuchen, dabei bloß nicht aufzufallen – weil sie gelernt haben, wenn sie wahrgenommen werden, wird ihnen unfassbares Leid angetan.

Die Liste beansprucht keine Vollständigkeit, die Variationsbreite der Signale und Reaktionen ist bei Kindern sehr groß. Sie erkennen aber einen Zusammenhang: Kinder fallen bei traumatischem Stress oft auf Verhaltensweisen zurückfallen, die für frühere Altersabschnitte typisch sind. Diese Reaktionen werden als *Regression* bezeichnet (vgl. Schlicher, 2020).

5.3.4 Grundschulalter (6 bis 10 Jahre)

Alle o. g. typischen Symptome können auch im Alter von sechs bis zehn Jahren auftreten. Auch hier gilt es zu beachten, wenn die Signale und Reaktionen gehäuft auftreten, muss der Verdacht auf einen sexuellen Missbrauch zentriert werden, denn die Symptome, die in gehäufter Form immer wieder auftreten, sind fast immer ein Anzeichen, dass Kindern sexueller Missbrauch angetan wurde.

Kinder im Grundschulalter zeigen zunehmend Symptome einer posttraumatischen Belastungsstörung, die sich „*still*" in den folgenden Reaktionen ausdrücken können:

- Schulleistungsstörungen, bzw. plötzliches Schulversagen,
- Probleme, Grenzen einzuhalten,
- Konzentrationsstörungen,
- veränderte, pessimistische Sicht auf die Welt,
- quälende Schuldgefühle,

- sexuelles Ausagieren mit Gleichaltrigen und jüngeren Kindern,
- keine adäquaten Beziehungen/Freundschaften zu Gleichaltrigen,
- sexuell provozierendes Verhalten,
- niedergedrückte Stimmung,
- häufige Kopfschmerzen,
- diffuse Bauch- und Unterleibsschmerzen,
- Zwangshandlungen, wie exzessives Baden und Waschen,
- Angst- und Erstickungsfälle,
- selbstzerstörerisches Verhalten,
- bis hin zu Sprach- und Sehstörungen.

Darüber hinaus können Ohnmachtsanfälle, Kreislaufstörungen oder sogar asthmatische Anfälle auftreten. Sie waschen sich oft oder gar nicht mehr, nässen oder koten wieder ein. Sie erzählen sexuelle Geschichten oder benutzen sexuelle Ausdrücke, die ihrem Alter nicht entsprechen und zeigen teilweise sexualisiertes Verhalten. Des Weiteren wollen die betroffenen Kinder nicht mehr allein schlafen, aus Angst, dass der Peiniger sie wieder angreifen würde. Auch ein frühes Erscheinen in der Schule und die Verweigerung am Sport- oder Schwimmunterricht teilzunehmen, können Hinweise sexueller Ausbeutung sein. Sehr häufig reagieren von sexuell Missbrauch betroffene Kinder mit einem distanzlosen Verhalten, da sie durch die kontinuierliche Grenzüberschreitung des Täters nie gelernt haben, sich eigene Grenzen zu setzen und die Grenzen anderer wahrzunehmen und zu achten.

5.3.5 Vorpubertät und Pubertät (13 bis 18 Jahre)

Unerklärte depressive Störungen können bereits im Vorschulalter auftreten, die sich jedoch in der (Vor)-Pubertät mit ziemlich hoher Wahrscheinlichkeit verstärken. Die Minderjährigen reagieren in dieser Altersspanne auf der Gefühlsebene mit Wut, Scham, massiven Schuldgefühlen, Misstrauen, das Gefühl betrogen worden zu sein, ambivalenten Gefühlen Erwachsenen gegenüber, sexuelle Konflikte, Geschlechterrolle und Rollenverteilung innerhalb der Familie, Gefühle, beschädigt, schmutzig und verdorben zu sein, Suizid-Gedanken. Das innere Gefühl dieser „Schande" gegen sich selbst, führt zu einer immensen Notlage, die sich auf der Ebene des Verhaltens ausdrückt: *„Endlich soll jemand wahrnehmen, was mit mir los ist!"*

Auf der Verhaltensebene der sexuell missbrauchten Kinder und Jugendlichen zeigt sich in den meisten Fällen: selbstdestruktives Verhalten, Suchtverhalten, insbes. Alkohol- und Drogenmissbrauch, Weglaufen und Streunen, Straffälligkeit, aggressives Verhalten, Ausbeutung anderer, Übernahme der Opferrolle, psychotische Symptome, symptombedingte misslungene erste intime Beziehungen, Perversionen, Vermeidung von körperlicher und emotionaler Intimität, bis hin zu Suizidversuchen (vgl. Schlicher, 2020).

Bei den meisten betroffenen Kindern und Jugendlichen können in der Regel Ein- und Durchschlafstörungen festgestellt werden, die abends oder nachts in ihrem eigenen Bett sexuell missbraucht werden. Sie sind fast die ganze Nacht wach, um zu lauschen, ob der Täter oder die Täterin unter die Bettdecke kriecht. Durch die gezwungene Geheimhaltung, das Verbot, über die sexuellen Übergriffe zu sprechen, können Sprachstörungen mit einhergehen. Dies wird wie folgt erklärt: Wenn ein Kind aufpassen muss, was es sagt, entsteht ein innerer Druck, der zu plötzlichem Stottern, Stammeln oder völliger Sprachverweigerung führen kann. Auffällig sind auch Lähmungen und Spannungen in Schultern,

Nacken, Rücken oder Oberschenkeln. Denn, während der sexuellen Übergriffe, haben sich die Kinder völlig verkrampft. Aus Angst und vor Schmerz sind sie völlig gelähmt.

Die unmittelbaren Folgen sexueller Gewalt sind individuell sehr verschieden. Während das eine Kind sich zunehmend isoliert, verhält sich ein anderes Kind distanzlos oder aggressiv. Besonderen Einfluss auf die psychische Verarbeitung des sexuellen Missbrauchs haben folgende Faktoren: das Alter des Kindes, die Nähe und Beziehung zur missbrauchenden Person, Dauer und Intensität der sexuellen Ausbeutung, Ausmaß der Gewaltanwendungen und die Qualität der Hilfe. Zudem ist ein wesentliches Merkmal, die Stabilität der kindlichen Persönlichkeit, Widerstandsfähigkeit (Resilienz), die Interaktionsfähigkeit des sozialen Umfeldes und die Gestaltung der Interventionen.

Die Schwierigkeit, sexuellen Missbrauch zu „erkennen", liegt darin, dass es kein sogenanntes *„Missbrauchs-Syndrom"*, d. h. eine Mindestanzahl bestimmter Symptome oder eindeutige Auffälligkeiten gibt, die bei allen betroffenen Kindern auftreten. Manchmal vertraut sich ein Kind jemandem an, obwohl es sein kann, dass nur ein Teil der Erfahrungen bzw. in der dritten Person darüber erzählt wird. Wichtig ist immer, die Bereitschaft zu zeigen, dass zugehört wird und es der Selbstbestimmung des Kindes/Jugendlichen zu überlassen, wann, mit wem und worüber gesprochen wird.

Bei Kindern, denen schwerwiegendes angetan wurde, kann es unmittelbar nach dem Erlebnis des sexuellen Missbrauchs zu Verhaltensauffälligkeiten kommen, die Ausdruck seiner Verstörung sind.

Das betroffene Kind versucht mit allen oftmals *„stillen"* Bewältigungsversuchen, auf den sexuellen Übergriff aufmerksam zu machen: Es reagiert massiv abwehrend gegen bestimmte Personen oder Räumlichkeiten.

Neben diesen Vermeidungsreaktionen kann es auch zu heftigen emotionalen Reaktionen kommen, die für Außenstehende, die das Kind *eigentlich* kennen, überraschend und zunächst nicht erklärbar sind. Plötzlich kann das Kind erhebliche Angst vor Berührungen haben, z. B. beim Wickeln, beim Abtrocknen nach dem Baden oder bei ärztlichen Untersuchungen. Vor allem bei kleineren Kinder, die sexualisiertes Verhalten in Form von „Nachspielen" sollten wir näher hinschauen, denn in diesem Alter versuchen sie auf diese Weise, das Erlebte zu begreifen.

Grundsätzlich ist es immer wichtig, nicht nur bei Verdacht auf einen sexuellen Missbrauch, jede, vor allem neu auftretende Verhaltensauffälligkeit mit entsprechender Unterstützung zu reagieren. Nehmen wir folgendes Beispiel: Das Kind möchte nicht mehr beim getrennt lebenden Vater oder bei seinen Großeltern übernachten. Dies kann durchaus viele Gründe haben und es darf nicht sofort ein sexueller Missbrauch im Vordergrund stehen. An dieser Stelle müssen wir das Signal als Anfälligkeit einordnen, wozu in erster Linie Eltern verpflichtet sind – und dann Fachkräfte, dem nachzugehen und unterstützende Begleitung anzubieten. Diesen Hinweisen zu folgen bedeutet, dem Kind möglichst nicht sofort und ausschließlich in der Art und Weise, dass sein vehementes Vermeidungsverhalten unterstützt wird. Eine Hilfestellung kann z. B. sein: „Was ist denn los, mein Kind?", „Was brauchst du, damit es dort für dich leichter wird?". Des Weiteren müssen Eltern, aber auch Fachkräfte überprüfen, wann die Verantwortung für den Schutz des Kindes übernommen und dafür gesorgt wird, dass bestimmte Personen, Räumlichkeiten oder Situationen gemieden werden, da sonst das Kind gefährdet wäre. Diese Beschreibungen umreißen deutlich, wie eingreifend sexueller Missbrauch für ein Kind ist.

5.4 Geschlechtsspezifische Reaktionen

Hinsichtlich der Reaktionen und Symptome, die ein Kind bei sexueller Misshandlung zeigt, ist es sinnvoll, nach dem Geschlecht zu differenzieren, da die unmittelbaren und langfristigen Auswirkungen bei Mädchen und Jungen sehr verschieden sein können. Während bei den betroffenen Mädchen die Reaktionen in der Verarbeitung und Bewältigung des sexuellen Missbrauchs häufig zu selbstzerstörerische Verhaltensweisen tendieren, richten Jungen ihre Hilflosigkeit und Wut häufig nach außen, in Form von aggressiven Gewaltausbrüchen gegen anderen. Es kann sich gegen jüngere Kinder richten, aber auch gegen Erwachsene oder die eigene Kindesmutter.

Wenn z. B. ein Kind mit einem Messer vor seiner Mutter steht und sie versucht zu bedrohen, kann es ein Hinweis darauf sein, dass das betroffene Kind jegliche Wut auf die Mutter richtet, weil aus der Perspektive des Kindes müsste die Mutter es aus seiner Notlage befreien – aber das Kind darf nicht über sein Leid sprechen, verdrängt das qualvolle Geschehen, das sich durch einen anderen „Kanal" bemerkbar macht.

Relativ häufig steht der sexuelle Missbrauch bei Jungen im Zusammenhang mit körperlicher Gewaltanwendung. Sodass striemenartige Spuren an den Innenflächen der Oberschenkel, des Gesässes oder Bisswunden, Brandwunden von Zigaretten und Verletzungen im Genitalbereich, als auch Hämatome an den erogenen Zonen nicht immer direkte Folge von körperlicher Misshandlung, sondern eben auch ein Hinweis auf sexuelle Gewaltanwendungen.

Nicht nur Mädchen, sondern auch Jungen können Essstörungen entwickeln. Magersucht (Anorexia nervosa) soll um jeden Preis ein weibliches oder männliches Aussehen vermeiden, um für die Täterschaft, bzw. Männer oder Frauen uninteressant zu sein. Dasselbe gilt auch für Esssucht (Binge-Eating). Mädchen und Jungen versuchen sich durch das Übergewicht unattraktiv zu machen, was sehr häufig durch weite Kleidung, die den Körper verstecken soll, noch unterstützt wird. Wiederum andere essen, um das Gefühl der vollkommenen Leere zu füllen oder den Täter, die Täterin durch ein „Schutzpolster" auf Distanz zu halten – das in den seltensten Fällen gelingt. Bei der Essstörung Bulimie (Ess- und Brechsucht) steht vor allem ein ausgeprägtes Kontrollbedürfnis im Vordergrund. Denn, wenn schon als Kind keine Kontrolle über die sexuellen Übergriffe und die eigenen körperlichen Reaktionen möglich war, so ist es aus der Perspektive dieser Kinder um so wichtiger, wenigstens über das, was dem Körper zu- und abgeführt wird, die persönliche Kontrolle zu behalten.

Vor allem Mädchen neigen sehr oft zu Autoaggressionen, wie Nägelkauen, Haare oder Wimpern ausreißen, sich Schnittverletzungen zufügen etc. Die betroffenen Kinder und Jugendlichen versuchen dadurch, ihren Körper, den sie als Ursache für den sexuellen Missbrauch betrachten, zu zerstören und bestrafen sich regelrecht selbst oder möchten sich durch den zugefügten Schmerz spüren, dass sie überhaupt noch leben und existieren. Zudem kann es auch sein, dass die Mädchen sich selbst körperliche Schmerzen zufügen, um den seelischen, inneren Schmerz zu überdecken oder diesem Ausdruck zu verleihen in Form eines „versteckten" Hilfeschreis. Darüber hinaus scheinen Selbstmordversuche oft der einzige wirksame Schutz vor weiteren sexuellen Übergriffen zu sein, mit dem Ziel: dem Selbsthass, Scham und Verzweiflung ein Ende setzen (vgl. Hane, 1996).

Jungen überdecken die seelischen Wunden öfter mit einer harten Schale: ehrgeiziges Streben nach Erfolg und Macht, ebenso übertrieben starke Hilfsbereitschaft (Nähe-Distanz Verzerrung), können die Folge sein. Des Weiteren versuchen sexuell missbrauchte Jungen Kontrolle über ihr Umfeld oder jüngeren Kindern zu beherrschen. Ebenfalls kann dieses Bedürfnis nach Kontrolle zwanghaft sein. Wiederum andere leidenden Jungen fügen ihnen unterlegenden oder Tieren Schmerz zu und/oder Demütigen ihr „Opfer" gewissenlos. Dieses Verhalten wird häufig begleitet mit einhergehender Schlaflosigkeit, innerer Anspannung, Suchtproblemen und/oder Angstzuständen.

In diesem Zusammenhang ist es zu betonen, dass es kein typisches Muster von Hinweiszeichen, das eindeutig auf einen sexuellen Kindesmissbrauch schließen lässt. Es ist nicht möglich, aufgrund des Vorliegen von bestimmten Verhaltensauffälligkeiten bei einem Minderjährigen daraus die Diagnose eines erlebten sexuellen Missbrauchs einzuleiten. Dies bedeutet konkreter, dass selbst auffälliges sexualisiertes Verhalten mit Grenzverletzungen eines Kindes gegenüber anderen nicht „beweist", dass dieses Kind sexuellen Missbrauch erlebt hat. Hintergründe können auch z. B. Erfahrungen häuslicher Gewalt oder Vernachlässigung sein. Des Weiteren ist darauf hinzuweisen, dass auch in den Fällen, in denen überhaupt keine Verhaltensauffälligkeit zu beobachten ist, darf keineswegs eine Schlussfolgerung erfolgen, dass es keinen Missbrauch gegeben haben kann.

„Von der Anwendung von bisweilen im Umlauf befindlichen ‚Missbrauchs-Checklisten' als diagnostisches Instrument ist folglich wegen deren fehlender Spezifität und

mangelnder Sensitivität dringend abzuraten" (vgl. Goldbeck in Fegert et al., 2015, S. 147).

Verstärkt gehen Reddemann und Dehner-Rau (2008) auf Goldbecks (2015) Klarheit ein: Je besser es Eltern und Fachkräften gelingt, die Thematik des sexuellen Missbrauchs zu enttabuisieren, indem Sie, lieber Leser, liebe Leserin es möglich halten und mit den Kindern erarbeiten können, desto größer ist die Wahrscheinlichkeit für betroffene Kinder, dass sie frühzeitig *Vertrauen* und Hilfe bekommen und dadurch keine oder kaum langfristige Spätfolgen erleiden müssen. Mittlerweile wissen wir, dass ca. ein Drittel der Menschen die traumatischen Erlebnisse machen, damit im Laufe der Zeit fertig werden, ohne seelisch krank zu werden.

Festzuhalten gilt, dass es nach sexuellem Kindesmissbrauch häufig zu posttraumatischen Belastungsstörungen, als auch zu weiteren chronischen, komplexen und das psychosoziale Funktionsniveau des betroffenen Kindes, teilweise mit erheblich einschränkenden psychischen Störungen kommt, die sich bis in das Erwachsenenalter hindurchdrängen können und mit dem Risiko der Wiederholung der Täter-Opfer-Rolle in der nächsten Generation verbunden ist (vgl. Goldbeck, 2015).

5.5 Langzeitfolgen – die „Schatten" als Erwachsener

„Und schließlich möchte ich noch etwas über Überlebende als Menschen sagen
Die meisten von uns besitzen eine unglaubliche innere Stärke, die uns trotz
manchmal überwältigender Widerstände hilft, weiterzuleben, wo viele andere

schon aufgegeben hätten. Deswegen heißen wir ‚Überlebende' und nicht Opfer."
(Longdon 1995, S. 112)

5.5.1 Verschwiegene Wunden?

„Ich habe mir ein Stück Kontrolle, Stärke und Macht zurückgeholt."
(Jessica, 48 Jahre).

Sexuell missbraucht zu werden, bringt für jedes Kind ernsthafte Risiken für die persönliche Entwicklung mit sich. Hier ist es gleich, ob es sich um betroffene Mädchen oder Jungen handelt.

Es ist sind einschneidende Erfahrungen, die in der Lebensbiografie eines Kindes erhebliches Unglück anrichten können. Die Folgen sexuellen Kindesmissbrauchs haben sowohl Einfluss auf das eigene Erleben und Selbstwertgefühl, als auch die funktionale psychische und physische Entwicklung eines Kindes – und später als erwachsener Mensch, z. B. in Beziehungen mit anderen, aber auch auf anderen Lebensbereichen. Die Problematik männlicher und weiblicher ‚Überlebenden' sexuellen Kindesmissbrauchs stimmt in groben Zügen überein.

Viele ‚Überlebende' sexuellen Missbrauchs entwickeln durch das Gefühl der Machtlosigkeit und des Kontrollverlustes ein negatives Selbstbild, um diesen zu entkommen, ist, sich als erwachsener Mann sich ständig beweisen zu müssen. Das kann auf unterschiedliche Art geschehen, indem er sich in die Arbeit stürzt und zum Perfektionisten wird oder indem er übertriebenen Ehrgeiz in Arbeit, Sport und auf sexuellem Gebiet entwickelt. Zudem werden gerne „anonyme" Sexualkontakte geknüpft.

Diese intensive Ausrichtung auf das männliche Selbstbild, das als Erwachsener eine stärkere Rolle einnimmt und verharrt, verhindert das Entstehen von Gefühlen der Nähe und Intimität mit anderen. Intimität ist gefahrvoll und bestärkt Angst und Wut. Es macht den Anschein, als müsste Intimität vernichtet werden, um den „angenehmen" Zustand des ‚Überlebenden' von Macht und Kontrolle zurückzuerlangen. Darüber hinaus können Gefühle eigener Machtlosigkeit und die Sehnsucht, die durch den Missbrauch verlorene Kontrolle zurückzugewinnen, ebenfalls ein Nährboden für ein Täterverhalten sein.

Auch Frauen berichten von ähnlichen Verhaltensweisen im Erwachsenenalter. Darüber hinaus konnten die Betroffenen sexuellen Kindesmissbrauchs keine normale sexuelle Entwicklung erleben. Diese brach abrupt zusammen. Während der Kindheit wurden die „Überlebenden" gezwungen, Sexualität wie ein Erwachsener zu erleben. Das Kind hatte nicht die Möglichkeit Sexualität so zu erforschen, wie es seinem Alter angemessen wäre. Es lernt, dass Lust (die Lust des Täters) eine schreckliche, unkontrollierbare Macht ist. Seine ersten Erfahrungen mit sexueller Erregung sind mit Scham, Ekel, Schmerz und Demütigung verbunden. Dieser Eindruck bleibt im Erwachsenenalter haften.

Wenn der sexuelle Missbrauch mit liebevoller Zuneigung vermischt war, wird das Kind Zuneigung und Sex, Nähe und Zudringlichkeit auch später als Erwachsener nicht unterscheiden können (vgl. Davis 1992, S. 31). Zu den häufigsten Folgen sexuellen Missbrauchs im Erwachsenenalter sind nach Moggi (2004):

Sexuelle Störungen
Vaginismus: Beim „totalen Vaginismus" verkrampft die Scheide kontinuierlich, sobald sie berührt wird. Für betroffene Frauen ist sowohl Geschlechtsverkehr als auch das Einführen von Tampons unmöglich. Auch die gynäkologische Untersuchung mit dem Spekulum kann

gravierende Probleme bereiten. Die Symptomatik kann eine unwillkürliche Verkrampfung der Beckenbodenmuskulatur herbeiführen, die die Vagina umgibt (ICD 10). Durch die Scheidenöffnung kann der Penis nicht eindringen bzw. es ist dies nur unter Schmerzen möglich. Die Beckenbodenmuskulatur und das äußere Drittel der Scheide verkrampft reflexartig und unwillkürlich. Der Scheideneingang ist wie verschlossen. Sexuelle Funktionsstörungen sind häufig die Folge sexuellen Missbrauchs im Erwachsenenalter.

Coitophobie und Genophobie: Menschen mit Angst vor sexueller Nähe haben Todesfurcht vor Geschlechtsverkehr oder gewissen Aspekten des sexuellen Kontaktes. Diese Furcht kann ganz offensichtlich sein oder im Verborgenen walten. Ist die Angst vor Sex und Geschlechtlichkeit so stark, dass sie das Leben nachhaltig beeinträchtigt, sprechen Fachexperten vom Krankheitsbild der Sexualangst oder *Genophobie* (Geschlechtsphobie). Ein Teilbereich davon ist die *Coitophobie,* die spezielle Angst vor der Penetration und dem Geschlechtsakt an sich. *Genophobie* kann sich verschiedenartig zeigen. Von der Panik vor Berührung und dem Nacktsein, bis hin zum Kontakt zur Haut und den Körperflüssigkeiten (Schweiß, Urin, Sperma) einer anderen Person.

Mit der *Genophobie* verbundene Indikatoren sind die Angst vor:

- *Nacktheit (Gymnophobie)*
- *Genitalien (Eurotophobie)*
- *Penissen (Phallophobie)*
- *Körpergerüchen (Osphresiophobie)*
- *Sperma (Spermatophobie)*

Frauen und Männer, die Betroffene sexuellen Kindesmissbrauchs waren, haben eine massive Furcht vor dem Kontrollverlust und dem Loslassen, das bei gesunder Sexualität eine wichtige Rolle spielt. Nirgends sind wir so ausgeliefert. Die Bandbreite reicht von Hemmungen und Störungen beim Sex bis hin zu absolutem Vermeidungsverhalten. Betroffene Frauen und Männer, die trotz ihrer massiven Ängste Geschlechtsverkehr haben, zeigen häufig folgende Verhaltensweisen:
Plötzliche Stimmungswandel während des sexuellen Kontakts (Abwehr, Wut, Aggression), körperliche Anspannung, Orgasmusschwierigkeiten, Schweißausbrüche, Impotenz, Erregungsstörungen, Promiskuität (häufigen, zeitlich versetzten oder parallelen Geschlechtsverkehr mit mehreren, wechselnden Sexualpartner), Panikattacken – alleine bei der Vorstellung gewisser Aspekte der Sexualität. Häufig ist die Seele so belastet, dass für die Frauen der Weg in der Prostitution endet.

Beziehungsstörungen
Häufig verspüren ‚Überlebende' des sexuellen Kindesmissbrauchs, Hass und/oder Mordgedanken gegenüber Vater und/oder Mutter, oder sie entwickeln ein übermäßiges Verantwortungsgefühl gegenüber ihrem Vater und/oder Mutter.

Zudem empfinden sie starke Ambivalenz in den Gefühlen gegenüber nahen Bezugspersonen oder haben eine quälende Angst vor Intimität und Vertrauen niemandem. Darüber hinaus ist es Betroffenen nicht möglich Grenzen zu setzen und gleichzeitig liebevolle Beziehungen zu haben, die nicht selten mit Kommunikationsstörungen einhergeht. Des Weiteren begleiten die ‚Überlebenden' das Gefühl des Ausgenutztwerdens. Zudem gestalten sie oftmals manipulierende, kontrollierende oder sexualisierte

Beziehungen. Die konkreten Auswirkungen in Hinsicht Partnerschaft, Ehe und Familie werde ich im nächsten Kapitel ausführen.

Gestörtes Körpererleben
Hierzu zählen eine schlechte Wahrnehmung von Hunger, Schmerz, Ermüdung etc., Ablehnung des eigenen Körpers oder ein Ekelgefühl gegenüber den eigenen Körperteilen, wie z. B. der Brust und Genitalregionen. Des Weiteren besteht ein häufiger Wunsch nach manipulativer Veränderung des Körpers. Darüber hinaus entwickeln Betroffene sexuellen Missbrauchs im Erwachsenenalter oftmals einen Waschzwang oder andere Zwänge.

Gestörtes Selbstwertgefühl
Weitere Indikatoren sind häufig Schuld- und Schamgefühle, Empfindungen der Einsamkeit, vermindertes Selbstwertgefühl, eine negative Selbstwahrnehmung, niedrige Selbstwirksamkeitserwartungen, Gefühle der Machtlosigkeit und der Wehrlosigkeit, Angst vor Erfolg, schlechte Genuss- und Entspannungsfähigkeiten, mangelnde Fähigkeit, sich selbst und Anvertraute in gefährlichen Situationen zu beschützen. Zudem kann sich die sexuelle Gewalt in der Lebensgeschichte der „Überlebenden" fortsetzen („Opferrolle" – eigene Kinder sind wieder Opfer sexueller Gewalt).

Des Weiteren kann sich der sexuelle Kindesmissbrauch im Erwachsenenalter als Folge im Perfektionismus auswirken oder in extremer Leistungsorientiertheit.

Psychische Erkrankungen
Zu den häufigsten psychischen Belastungen gehören Depressionen, Ängste und Phobien, Furcht, selbstverletzendes Verhalten, emotionale Störungen (mangelnder Ausdruck von Gefühlen; Gefühlskonfusion), Suizidgedanken/Versuche, Essstörungen, Suchtverhalten, Schlaf-

störungen, Dissoziative Störungen, z. B. Dissoziative Amnesie (Gedächtnisverlust): Dies ist eine Form der dissoziative Störung, zu der das Unvermögen gehört, sich an wichtige persönliche Informationen zu erinnern, was nicht durch normale Vergesslichkeit erklärbar ist. Es wird in der Regel durch ein Trauma oder Stress verursacht.

5.5.2 Auswirkungen auf Partnerschaft, Ehe und Familie

„Häufig ist der sexuelle Missbrauch ein Lebensbestimmendes,
traumatisierendes Erlebnis."

Bindungstheoretisch gesehen, hat der sexuelle Kindesmissbrauch für die „Überlebenden" schwerwiegende Folgen im Erwachsenenalter: Die Betroffenen passen sich an die Erwartungen des Erwachsenen an und prägen sich diese ein, während sie ihre eigenen Wünsche und Gefühle völlig in den Hintergrund stellen – sie werden unsichtbar und der Selbstschutz bzw. der Selbstwert geht verloren. Im Kindesalter haben die Betroffenen als „Überlebensstrategie" gelernt, die Gewalt des Täters hinzunehmen. Im Verlauf ihrer Lebensbiografie kann es dann passieren, dass ihnen Formen von Gewalt fälschlicherweise das „vertraute" Gefühl von Sicherheit vermitteln. Die Glaubenssätze: *„Ich bin nichts Besseres wert"* und *„Selbsterniedrigung ist doch in Ordnung"*, verankert sich fest im Gedächtnis.

Der sexuelle Missbrauch hat massiven Einfluss auf die Fähigkeit und Fertigkeit in Beziehungen Beteiligungen zu finden, anderen zu vertrauen und sich akzeptiert zu fühlen. Die eigenen Bedürfnisse nach Zuneigung und Wärme sind ausschließlich mit sexuellem Missbrauch erwidert worden. Das betroffene Kind hatte keine Chance normale soziale Fertigkeiten zu erlernen, denn das (Ur)-

Vertrauen wurde völlig zerstört. Dies rächt sich im Erwachsenenalter in Beziehungen mit anderen Menschen.

Bei Männern wurde folgende unterschiedliche Lebenshaltungen im Erwachsenenalter festgestellt:

Der Felsen
Der Mann, der sich selbst auf eine Insel platziert hat. Er hat zwar Beziehungen, aber selten mit wirklich emotionalem Tiefgang. Er hat große Mühe, der anderen Person zu vertrauen. Ihnen fehlt das Vertrauen, um sich öffnen zu können. In dieser Gruppe finden sich viele „Beschützer".

Komm nah, aber nicht zu fern
Der Mann, der sich selbst andauernd in Schutz nimmt. Er lässt Intimität teilweise zu, steht aber Todesängste wegen eventueller negativer Folgen aus. Männer diesen Typs halten immer einen Sicherheitsabstand, um mögliche negative Konsequenzen frühzeitig zu erkennen und dem entgegenzuwirken.

Sich festklammern
Der Mann, der verzweifelt auf der Suche nach Liebe und Zuneigung ist und sich festklammert an anderen. Er bittet andauernd verhüllt oder unverhüllt um Aufmerksamkeit und Liebe.

Dieser Männer-Typus leidet unter starker Verlustangst. Sie sagen oft zu allem „Ja" und stellen ihre eigenen Bedürfnisse hinten an. Zudem haben sie unrealistische Vorstellungen von Beziehungen und fühlen sich oft zurückgewiesen.

Es nicht besser verdienen
Der Mann, der durch den sexuellen Kindesmissbrauch so in Verwirrung geraten ist, dass er sich allmählich schuldig

fühlt und meint, es nicht besser verdient zu haben. Er glaubt nicht an die Möglichkeit einer guten Beziehung/Bindung für sich. In seiner Wahrnehmung empfindet er die Strafe als gerecht: Es gibt für ihn nur schlechte Beziehungen und eine dunkle Weltansicht.

Hypersexualisiert
Der Mann, der Intimität und Sexualität durcheinanderbringt, sodass die Neigung besteht, alle Beziehungen zu sexualisieren, die nicht-sexuell sind. Die Erfahrung des Mannes ist, dass Nähe und Intimität nahezu immer sexuelle Handlungen herbeiführen. Der Unterschied zwischen Sexualität und Intimität bleibt unklar. Das kann zur Folge haben, dass Beziehungen neben dem sexualisieren von Beziehungen in zwanghafter Manier umgesetzt werden: das nämlich ist bekanntes Terrain des „Überlebenden". Der Sex in dieser Männergruppe ist zudem nicht selten mit Dominanz- und Machtverhalten gekoppelt, wie beispielsweise beim Sadomasochismus (Lustempfinden oder Befriedigung durch die Zufügung oder das Erleben von Schmerz, Macht oder Demütigung).

Macht und Kontrolle
Der Mann, der in Beziehungen Herr über andere sein will. Das kann in Misshandlung münden, muss es aber nicht. Es kann sich auch in milderen Formen äußern. Dieser Typus lebt ausgeklügelte Strategien, um die Menschen in seinem Umfeld zu beherrschen. Sein übertriebenes Kontrollverhalten kann zwanghaft sein; er braucht dieses, um sich selbst sicherer zu fühlen. Oft leidet das Umfeld unter diesem Kontrollverhalten stärker als der Kontrolleur selbst.

Diese Lebenshaltungen sind keine einander ausschließenden Formen des Verhaltens, sondern können in ein und derselben Person vereint sein (vgl. Bolton et al., 1989).

Außerdem können Frauen ebenfalls die o. g. Haltungen signalisieren (zzgl. der in Abschn. 5.5. benannten Anhaltspunkte), die ‚Überlebende' sexuellen Kindesmissbrauchs waren.

Diese Indikatoren erschweren das Eingehen von gesunden Beziehungen maßgeblich. Manche Betroffene sexuellen Kindesmissbrauch verspüren zunächst ein Interesse an der Problematik, setzen sich mit ihrer Vergangenheit auseinander und werden sich dann erst der eigenen Betroffenheit, spätestens im Erwachsenenalter bewusst. Bereits durch einen kleinen Auslöser von außen kann die Erinnerung wieder wachgerufen werden. Viele Mütter, die bereits selbst Opfer von sexuellem Kindesmissbrauch wurden, verspüren vehemente Furcht, ihr Kind könnte sexuelle missbraucht werden und reagiere mit körperlichen Symptomen, mit Ängste, Panikattacken oder plötzlichen Erinnerungen und Gefühlen. Einige Frauen, dass sie im Erwachsenenalter der Männerwelt völlig ergeben sind oder ein enormes Misstrauen und allgemeine Rachegedanken gegenüber allen Männer haben. Den meisten „Überlebenden" ist diese Sichtweise als Folge sexuellen Kindesmissbrauchs bekannt. Wiederum können eigene Erlebnisse auch dazu führen, dass Frauen auf die Signale oder Bedürfnisse ihres Kindes nicht reagieren oder nicht reagieren wollen, weil sie selbst im „Nebel" der Wahrnehmung stecken.

In diesem Zusammenhang möchte ich Ihnen einen Eindruck geben, in dem hervorgeht, wie eine Mutter, die eigenen Gewalterlebnisse abspaltet, den sexuellen Missbrauch ihrer Tochter nicht wahrnehmen kann, aufgrund ihrer eigenen „dunklen Vergangenheit". Im Mittelpunkt steht ein Mädchen von acht Jahren, welches im Alter von

5 Individuelle Signale und Verhaltensweisen …

vier Jahren von ihrem Vater brutal sexuell missbraucht und bedroht wurde:

> „Martha beginnt nach ihrer Mutter zu fragen: „Wo war sie, wieso hat sie nichts gemerkt?" Was fühlt sie, wenn sie daran denkt, was ihrer Tochter durch ihren Ehemann angetan wurde? Ich baue eine Mutter aus Ton und eine Martha aus Ton. Während Martha mich beobachtet, fragt sie: „Ich will Mama wirklich fragen, sie soll herkommen." So organisierte ich eine Sitzung mit der Kindesmutter. Mit meiner Unterstützung stellt Martha der Mutter ihre Fragen. Die Mutter weicht immer wieder aus. Martha gibt nicht auf, sie hat dazugelernt. Schließlich sagt die Mutter: „Ich weiß nicht, ich war im Krankenhaus, ich hatte so viel zu tun, mir ging es so schlecht, ich habe nichts bemerkt." Dann richtet sich Martha auf, schaut ihrer Mutter tief in die Augen und sagt mit fester Stimme: „Das hat mir wehgetan, was Papa da mit mir gemacht hat, und du hast es nicht bemerkt!" Stille verbreitet sich im Raum. Die Mutter hört ihrer Tochter zu. Zum aller ersten Mal spürte ich einen dichten Kontakt zwischen Mutter und Kind. Ich bin tief gerührt, über Marthas neugewonnene Kraft und ihren Willen, der Mutter nahe zu sein. Das Mädchen kämpft um diese Beziehung, die so wichtig für ihr Wachstum ist. Die Mutter ist betroffen und erinnert sich plötzlich an ihre eigenen sexuellen Missbrauchs-Erlebnisse, mit dem Onkel. Zum ersten Mal erzählt sie davon, die Tochter hört zu, und es entsteht eine tiefe Nähe zwischen Mutter und Tochter. Als Martha schließlich im Arm der Mutter liegt, laufen beiden ganz leise Tränen über die Wangen, eine gemeinsame Trauer um ein gleiches Schicksal hat begonnen (vgl. Garbe, 2005).

Diese bewegende Geschichte berührt das Herz zutiefst und zeigt deutlich, dass Veränderungen möglich sind, spätestens im Erwachsenenalter wieder Frieden zu finden und ein glückliches, harmonisches Leben zu gestalten, mit allen Erfordernissen und Herausforderungen, die das Leben manchmal mit sich bringt. Auch wenn viele Jahre nach dem sexuellen Kindesmissbrauch verstrichen sind, kommt es oftmals in der Zeit als Mutter oder Vater zu Retraumatisierungen, insbesondere unter Stresssituationen, oder wenn das eigene Kind seinen eigenen Körper oder Sexualität erkundet. Es ist nicht einfach, das Unfassbare zu begreifen. Betroffene sexuellen Kindesmissbrauchs müssen es erst lernen. Die Selbstzweifel, die heftigen Gefühle der Ohnmacht etc., als Folge der eigenen erlebten Gewalt, stehen im Gegensatz zu dem, was das eigene Kind braucht, und dem Wunsch, ein guter, schützender Vater zu sein.

„Du musst einfach nicht mehr dran denken, dann wird alles gut" – ist eine typische Bagatellisierung des sexuellen Kindesmissbrauchs und sie wählen diese Verdrängung als Bewältigungsstrategie.

Doch dies ist der falsche Weg, um ein glückliches und erfülltes Leben zu führen. An dieser Stelle möchte ich Ihnen ein besonderes Zitat von Dalai Lama mit auf Ihren Lebensweg geben:

„Je tiefer wir das Leiden durchschauen,
umso näher kommen wir dem Ziel der Befreiung
vom Leiden."
(Dalai Lama, 1935)

„Ich dachte, der hat gut reden
Doch ich durfte lernen
Das Leben bietet keine Entscheidung
für oder gegen Schmerzen
und Krankheit an
Aber ich kann mich entscheiden
Ob mein Leben,
was ich aushalte und trage,
Leid oder Weg ist
Ich kann wählen
Zwischen Leiden und Lernen!
Leiden hängt von der Entscheidung ab."
(Pauline Frei)

5.5.3 Der Fall „Lammy"

Eines Tages erschien „Lammy", die ich als 17-Jährige kennengelernt habe. Sie wurde damals mit 13 Jahren von dem Freund ihrer Mutter sexuell missbraucht und zeigte massive Verhaltensauffälligkeiten. Während einem längeren Klinikaufenthalt fasste das Mädchen vertrauen und sprach über ihr Leid. Nun stand sie als 22-Jährige junge Frau vor mir, verheiratet und im Kinderwagen schlief ein fünf Monate alter Junge. Sie hoffe, dass ich Zeit habe – auch ohne Terminierung, denn sie beabsichtigte die Fortführung ihres Verarbeitungsprozesses und wollte die Gelegenheit nutzen, sich für die Begleitung im Rahmen der Jugendhilfe, zu bedanken.

Dann nahm „Lammy" Platz und erzählte mir, wie sie ihren weiteren Lebensweg gestaltet hatte. Sie berichtete, dass es ihr früher peinlich gewesen wäre, über den sexuellen Missbrauch zu sprechen, heute aber nicht mehr. „Wenn es Menschen peinlich ist, was ihnen geschehen ist, ist es oft deshalb, weil sie noch nicht gelernt haben, dass sie keine Schuld tragen", sagte sie selbstbewusst. Dann führte sie fort: „Ich weiß mittlerweile, dass es nicht meine Schuld war. Jetzt geht es mir darum, dass meine Familie nicht hineingezogen, kritisiert werden und für immer diesen „Stempel" auf der Stirn haben. Ich kann nicht mehr ändern, was geschehen ist." Wenn ein Kind, kontinuierliche Aggression und permanenten Hass erfahren muss und dann noch mit 13 Jahren sexueller Missbrauch hinzukommt, stürzt die Welt über das betroffene Kind ein. „Lammy" hat sich geekelt und wollte partout nicht, dass das geschieht, dass er *das,* mit ihr macht. Ich wusste, dass ihre Eltern sich haben früh scheiden lassen. Ihre Eltern waren Alkoholiker. Sie fühlte sich durch ihren Vater allerdings eher beschützt und versorgt, als durch ihre

Mutter. Unter der Woche hatte der Kindesvater nicht getrunken.

Er war verantwortungsvoll gegenüber seiner Tätigkeit als Ingenieur, aber am Wochenende sind ihre Eltern gerne in die Kneipe gegangen und haben sich nach Aussagen von „Lammy" volllaufen lassen.

Ihre Mutter hat auch unter der Woche getrunken. Sie entschied sich für das Hausfrauendasein. Nach der Trennung wollte „Lammy" Mutter einer Arbeit nachgehen, aber sie konnte es dann nicht mehr. „Lammy" hat vier Geschwister, drei Jungs, sie war das einzige Mädchen.

Mir war aus der Fallakte in Erinnerung geblieben, dass die Mutter sich nie um die Kinder gekümmert hatte. „Lammy" erklärte schon damals, dass sie das „schwarze Schaf" der Familie sei, während der jüngste Bruder ständig alles bekomme. Sie beschwerte sich damals massiv darüber. Heute als erwachsene Frau ist sich „Lammy" dem Bewusstsein, dass sie bereits von Geburt an, keine Mutterliebe bekommen habe. Das Mädchen wurde viel geschlagen und wirkte zu jenem Zeitpunkt augenscheinlich verwahrlost. Aufgrund dieser massiven seelischen Verletzungen urinierte und kotete „Lammy" bis zu ihrem dreizehnten Lebensjahr ins Bett. Heute sagt die junge Frau: „Meine Mutter hat mich gehasst." Die junge Frau hatte damals wenig Freunde. Von dem sexuellen Missbrauch hätte „Lammy" ihrer Mutter nicht berichtet, da sie nach eigenen Aussagen wusste, dass ihre Mutter ihr eh' niemals geglaubt hätte. „Ich habe mir gedacht, schluck es einfach runter, so wie vieles andere, was mir nicht gefällt und irgendwann bist du alt genug und bist aus dem scheiß Haus raus und kannst alles vergessen", offenbarte die 22-Jährige.

Zu diesem Zeitpunkt hatte „Lammy" nicht gewusst, dass die Seele sich alles merkt. Sie erwähnte, dass eines Tages ihr jüngster Bruder den Freund der Mutter dabei erwischt habe, wie er zu der damals 13-Jährigen ins Bett krochen sei. Ihr Bruder sei nicht sofort aufgesprungen und dazwischen gekommen. Vermutungen nach, soll sich „Lammy" Bruder sehr geschämt haben oder wusste einfach nicht, was er unternehmen sollte. „Am nächsten Morgen passte mein kleiner Bruder mich ab und sagte: „Lammy, das musst du unbedingt Mama erzählen!" Nachdem die junge Frau diesen Satz ausgesprochen hatte, stockte sie und wippte mit dem Bein. Dann sprach sie weiter: „Ich habe geweint, weil ich wusste, dass meine Mutter mir niemals glauben und mich als schuldig für ihre zerstörte Beziehung erklären würde."

„Lammy" gelingt es mittlerweile über ihre schmerzhaften Erfahrungen zu sprechen. Zudem lernt sie den Umgang mit ihren seelischen Verletzungen. Außerdem hat die junge Frau das ehrgeizige Ziel sich von all' den Blockaden zu lösen und arbeitet wissbegierig und offenherzig mit ihrer Therapeutin an ihren Themen – auch betreffend die Zukunft ihres Kindes. Wenn „Lammy" ihr Baby ansieht, spüre ich wie sehr sie ihr geliebtes Kind beschützen möchte – und alles dafür tun würde, damit es ihrem Kind gut geht.

6

Vorbeugung von institutionellem Versagen beim Umgang mit sexueller Gewalt

6.1 Das wesentliche „Handwerkszeug"

Skandale um sexuelle Gewalt haben das Land erschüttert, doch nicht nur an Schulen blieb es still.

Die Kinder- und Jugendhilfe in Deutschland ist gemeinsam mit den Familiengerichten gemäß der Verfassung verpflichtet, Mädchen und Jungen vor Gefahren zu bewahren. Man spricht hier vom *staatlichen Wächteramt* (§ 1 Absatz 2 Satz 2 Sozialgesetzbuch Achtes Buch – Kinder- und Jugendhilfe [SGB VIII]). Und doch hüllen sich viele Professionen, die einen Verdacht oder eine Gewissheit haben, beim Thema Missbrauch oft in Schweigen – sei es aus Angst, eine Fehlentscheidung zu treffen oder aus Hilflosigkeit. Oft gibt es im Umfeld des Missbrauchs eine „vage Ahnung", ohne dass die indirekt Beteiligten wissen, wie sie damit umgehen sollen. Auch die

Kinderärztin oder der Kinderarzt, die Hebamme, die Kita-Erzieherin, der Kita-Erzieher oder die Lehrerin bzw. der Lehrer schöpfen bisweilen Verdacht und sehen sich in der Pflicht zu handeln, allerdings mit erheblicher Unsicherheit voreilige Schritte einzuleiten. Eine gute Dokumentation von Hinweisen, Gesprächen und Beobachtungen sind an dieser Stelle maßgeblich. Mit diesem Hintergrund beschäftigten mich die Fragen:

- Wie kann einem Fehlverhalten vorgebeugt werden?
- Wie können Fachkräfte im Zusammenhang mit dem Kinderschutz emotional entlastet werden?
- Welche Interventionen gibt es nach einem vagen Verdacht bzw. nach Aufdeckung im Fall sexueller Gewalt gegen Kinder?
- Oder was können selbst Eltern unternehmen, wenn sie eine „leise" Vermutung haben aber nicht direkt den „Elefanten" ins Porzellanhaus rennen lassen wollen?

Grundsätzlich ist festzuhalten, dass Prävention von Professionen als auch von Eltern, eine grundlegende Aufmerksamkeit für Fehlverhalten und grenzverletzendes Verhalten erfordert.

> „Sexueller Missbrauch von Kindern oder Jugendlichen ist ein Straftatbestand
> grenzverletzendes Verhalten beginnt jedoch viel früher."

Meines Erachtens muss in erster Linie die professionelle Haltung in Bezug auf den präventiven Kinderschutz in den Fokus gerückt werden.

Auch Sie als Eltern können eine äußerst feinfühlige und „professionelle" Haltung gewinnen, wenn Sie die Relevanz verstanden haben, wie wichtig Ihre Haltung in Krisensituationen ist. Denn erst, wenn Eltern und andere beteiligten Akteure in den transparenten Austausch gehen, können die erforderlichen strukturellen Voraussetzungen geschaffen werden, um adäquat agieren zu können. Für eine adäquate und kindorientierte „Haltung" ist es von Bedeutung, dass die Professionen, als auch die Eltern dem Kind ressourcenorientiert mit Empathie, Feinfühligkeit, einer sensiblen Kommunikation sowie Offenheit und Wertschätzung begegnen. Gerade wenn wir Kinder beobachten oder mit Ihnen gemeinsames erleben, erinnern wir uns häufig an unsere eigene Kindheit, die ein wesentlicher Bestandteil unserer Biografie ist. Dabei ist es gleich, ob Erzieher*innen im beruflichen Alltag mit „entfernten" Kindern oder Eltern mit ihren leiblichen Kindern interagieren. Das Handeln, die eigene Wahrnehmung in dieser Interaktion wirkt somit immer wieder auf eine (berufs-) biografische und professionelle Entwicklungen zurück. Somit möchte ich Ihnen ausdrücklich auf den Weg mitgeben, dass im pädagogischen Handeln die eigene Haltung stets zum Ausdruck kommt! An dieser Stelle ist es zwingend erforderlich, ob Fachkraft oder Eltern, sich kritisch mit der eigenen Biografie und den Auswirkungen des pädagogischen Handelns auseinanderzusetzen. Die Auseinandersetzung mit der eigenen Haltung, sich selbst, dem (eigenen) Kind und weiteren Akteuren, bildet eine Voraussetzung dafür, sensibilisiert und wachsam abzuwägen, wann im Falle einer Situation, der Schutz des Kindes nicht mehr gewährleistet ist.

6.2 Interventions- und Schutzmaßnahmen

„Ich wünschte ich hätte mir früher Hilfe geholt, als ich sah, wie oft meine Tochter sich wusch."
(Frau K., 38 Jahre)

Um dem Versagen beim Umgang mit sexueller Gewalt vorzubeugen, ist eine hohe Professionalität und ein Zusammenwirken verschiedener Professionen absolut notwendig. Die Planung der Interventionen, bei einem Verdacht auf sexuellen Missbrauch ist eine sehr anspruchsvolle Aufgabe. Dirk Bange (2015) erörtert, dass aufgrund der enormen fachlichen Anforderungen, der hohen emotionalen Belastungen für Fachkräfte, sowie häufig bestehende Unsicherheiten über Interventionsmaßnahmen, der Wunsch nach verbindlichen Standards besteht. Die Beachtung dieser Leitlinien erhöht die Möglichkeit, ein familiengerichtliches Verfahren im Sinne des Kindeswohls zu gestalten. Zudem sind diese verbindlichen Standards unerlässliche Voraussetzungen für ein erfolgreiches Strafverfahren.

Zudem betont Bange, dass diese Standards die Flexibilität des Handelns nicht zu stark einschränken dürfen, denn jeder Fall gestaltet sich anders und erfordert somit immer wieder aufs Neue einen Perspektivwechsel, Professionalität, bzw. die Suche nach *Handlungsmöglichkeiten* und angemessenen Lösungen (vgl. Bang, 2015). In allen Einzelfällen beim *Wächteramt* war ich stets auf die Flexibilität des Handelns angewiesen. Neue Impulse, durch Kolleginnen, sogar Anvertraute oder spezialisierte Beratungsstellungen auf dem Themengebiet, ließen mich eigene Vorgehensweisen überdenken, um dann gezielter wieder „einzusteigen". Allerdings ist das *Kindeswohl* der absolut wichtigste

Orientierungspunkt. Es wird Eltern, als auch Menschen, die mit Kinder arbeiten oft schwerfallen, wenn es zunächst heißt: *„Ruhe bewahren!"* Dieser verständliche Wunsch der Eltern, als auch der Professionen, die „Sterne unserer Zeit" – unsere Kinder, möglichst schnell vor weiteren sexuellen Übergriffen zu schützen, verleitet oft zu sehr schnellem Handeln. Das Kind wird in Windeseile befragt, die Personensorgeberechtigten werden konfrontiert, und am nächsten Tag hat das Familiengericht eine emotionsgeladene Stellungnahme auf dem Schreibtisch, „nur" weil es im Inneren nicht auszuhalten war, dass der Täter heute Abend, wenn Sie schlafen gehen, in das Bett eines Kindes steigt. Ich beschreibe dies so provozierend, denn Sie müssen wissen, dass mit voreiligen Schritten, die Hilfsmöglichkeiten, bzw. die „Befreiung aus den Qualen" damit sogar verschlossen werden! Es wird weit mehr Schaden angerichtet, als Sie vielleicht vermuten. Sie erinnern sich an den Fall „Mia", ein kleines Mädchen, der nicht geglaubt wurde…

Deshalb ist es wichtig Ruhe zu bewahren, denn nur so können Sie konzentriert Interventionen einleiten. Dies bedeutet allerdings nicht, dass Sie Ewigkeiten diesen Prozess verschieben. Beginnen Sie zügig in den Austausch zu gehen und gleichzeitig einen Plan zu entwickeln, der das Kind schützt.

Hierfür ist eine sorgfältige Dokumentation unerlässlich. Was brauchen Sie für eine gute Dokumentation, die für das Familiengericht, als auch die Staatsanwaltschaft von Gewichtigkeit, als auch von Wahrhaftigkeit ist?

In erster Linie müssen Sie:

- alle Informationen und Beobachtungen sorgfältig dokumentieren, datieren und in einem festen, durchnummerierten Heft eintragen, um Manipulationen zu vermeiden,
- die Fakten von den Vermutungen getrennt darstellen,

- auf die sprachliche Genauigkeit achten (sprechen Sie nicht von „es", „sexuellen Spielen" etc. sondern benennen Sie exakt die Handlungen).
- von der Wahrhaftigkeit des Kindes ausgehen,
- die Wünsche des Kindes beachten,
- Verantwortung für das Kind übernehmen.

Aufgrund dieser *sorgfältigen Dokumentation* aller Interventionsschritte wird Ihnen der Hilfeprozess erleichtert. Sie müssen wissen, dass ohne eine gut ausgearbeitete Dokumentation gerichtliche Verfahren fast aussichtslos sind!

Bei einem vermutlichen sexuellen Kindesmissbrauch sollten Sie immer von der Wahrhaftigkeit des Kindes ausgehen. Diese *innere Haltung* ist besonders wichtig, dass Sie dem betroffenen Kind nicht mit Zweifeln entgegenkommen, da sich im schlimmsten Fall eine Barriere zwischen dem Kind und Ihnen auftürmen kann. Bitte beachten Sie Folgendes: Es ist keine gerechte *persönliche Haltung*, wenn Sie von dem Kind Vertrauen erwarten, selbst aber misstrauisch sind. Zudem sind Sie mit der Wahrhaftigkeit auf der sicheren Seite, auch vor dem Familiengericht, denn gleichzeitig gehört die Suche nach der „Objektiven Realität" zur Intervention, da jeder Mensch etwas für die Wahrheit halten kann, was sich vielleicht im Nachhinein als falsch herausstellt. Bedenken Sie, dass betroffene Mädchen und Jungen dermaßen durch den Täter, die Täterin verwirrt werden, dass ihre Aussagen widersprüchlich wirken können. Zudem sind bewusste Falschaussagen von Kindern relativ selten.

Zudem appelliere ich auch an alle besorgten Mütter und Väter. Sie sollten sich nicht irritieren lassen, oder Sorge haben, dass Sie nicht ernst genommen werden. Sie sollten dem nachgehen, wenn Sie, liebe Eltern, die

Vermutung haben, dass jemand Ihrem Kind großen Schaden anrichten könnte. Sie sollten, wie auch die Professionen die Situation beobachten und sich Unterstützung suchen, die Sie in Ihrem Verdacht ernst nehmen und genau wie Sie – *das Wohl Ihres Kindes* schützen wollen.

6.2.1 Interventionen bei einem vagen Verdacht

„Gehen Sie immer von der Wahrhaftigkeit des Kindes aus."
(vgl. Dirk Banke, 2015)

Ein erster *Verdacht von sexueller Kindesmisshandlung* entsteht in den meisten Fällen zunächst als vage Vermutung bei den Professionen. Vor allem dann, wenn Kinder keine konkreten Äußerungen machen, fühlt sich die Profession oftmals hin- und hergerissen zwischen der Möglichkeit, dass sexueller Kindesmissbrauch vorliegen könnte oder die Beobachtung von Verhaltensauffälligkeiten andere Ursachen haben könnte. *Sexuelle Kindesmisshandlung als Syndrom von Geheimhaltung* löst bei Kinder zahlreiche Ängste aus. Halten Sie sich die Psychodynamik vor Augen, wird Ihnen deutlich, wieso das Kind sich so undeutlich, vage und verzerrt mitteilen muss. Von daher ist es wichtig, die Wahrnehmung mit Kollegen anzusprechen. Vielleicht wurden Signale auch von anderen Professionen empfangen. Außerdem ist die Aufdeckung sexueller Kindesmisshandlung nicht nur durch eine einzelne Person lösbar. Kein Vertreter des Kinderschutzes kann isoliert von anderen Berufsgruppen und Institutionen langfristig wirksamen Kinderschutz erreichen. Das bedeutet, dass eine multiprofessionelle Zusammenarbeit in allen Phase der Verdachtsabklärung und Verdachtserhärtung,

Aufdeckung und Therapie von sexueller Kindesmisshandlung notwendig ist. Auch bei einem vagen Verdacht muss eine sorgfältige Dokumentation (Datum, etc.) mit den wahrgenommenen Signalen und Beobachtungen stattfinden. Seien Sie stetig im Austausch mit Ihrer Leitung. Außerdem kann es sehr Hilfreich sein, sich anonyme Hilfe bei Institutionen einzuholen, die auf dem Gebiet sexueller Kindesmisshandlung Erfahrungen haben.

> Wichtig zu diesem, wie auch zu jenem Zeitpunkt ist es, Ruhe zu bewahren! Es ist ein entscheidender Unterschied, einen vagen Verdacht aufgrund von Signalen und Symptomen zu haben oder die sexuelle Kindesmisshandlung durch ein Gespräch mit einem betroffenen Kind aufzudecken.

Bei einem *vagen Verdacht* darf auf keinen Fall der Helfer sich bei einem Anfangsverdacht innenfamiliärer sexueller Misshandlung an die Eltern wenden. Es ist ein Irrtum, wenn „nur" mit der Kindesmutter gesprochen wird, um mithilfe ihrer Unterstützung das Kind so schnell wie möglich schützen zu können. Sie müssen bedenken, dass insbesondere im Kontext *Familie* die Mutter häufig ebenso der Geheimhaltung und den Manipulationen des Täters unterliegt.

Sollte das Kind sexuelle Misshandlung erleben, würde die direkte Konfrontation der Eltern oder der Mutter mit dem vagen Verdacht bewirken, dass sich der *Geheimhaltungsdruck im Familiensystem* verstärkt. Dem Kind wird es dadurch unmöglich, deutlicher oder eindeutige Aussagen über das Leid des sexuellen Missbrauchs zu sprechen. Eine weitere gravierende Folge z. B. kann sein, dass das betroffene Kind aus der Schule oder dem Kindergarten abgemeldet wird, aber auch von Vereinen. Somit ist die Chance erloschen, dass ein Kind jemanden „auserwählt" dem es sich anvertrauen kann. Dieses institutionelle Versagen führt dazu, dass das Kind nicht geschützt werden kann und in der Regel noch jahrelang weiterer sexuellen Misshandlung ausgesetzt sein wird.

Sie werden weit mehr erreichen, wenn Sie die Eltern mit den Symptomen, Signalen oder Verhaltensauffälligkeiten konfrontieren, z. B.

- „Uns ist aufgefallen, dass ihr Kind einnässt/einkotet."
- „Uns ist aufgefallen, dass ihr Kind sich auf der Schultoilette über Zwanzig Minuten lang, die Hände wäscht und den Genitalbereich."
- „Uns ist aufgefallen, dass ihr Kind, sich während des Unterrichts die Wimpern herauszieht."
- „Uns ist aufgefallen, dass ihr Kind weder zum Frühstück noch zum Mittagessen Nahrung zu sich nimmt…" etc.
- … „Haben sie eine Erklärung dafür?"

Wenn Eltern die Konfrontation der Symptome ihres Kindes sofort abwehren, sollten Sie nicht in den Kampf gehen. Lassen Sie die Aussage, die Abwehrhaltung der Eltern stehen und dokumentieren Sie! Ihre zusätzliche Aufgabe besteht darin, in diesem Stadium, das Kind weiter zu beobachten, Hinweise zu sammeln, mit dem Ziel, den Verdacht zu erhärten oder auszuschließen.

6.2.2 Interventionen nach Aufdeckung

> „Papa sagt, Penispusten ist schön."
> (Dana, 6 Jahre)

Nach der Aufdeckung muss die Intervention schnell sein. Sollte ein Kind deutliche Äußerungen tätigen, die den vagen Verdacht erhärten lassen, ist grundsätzlich ein anderes Vorgehen notwendig als beim vagen Verdacht. Bei den Interventionen nach Aufdeckung durch das betroffene Kind sind nur noch Professionen der Institutionen beteiligt, die für die Klärung und für die nachfolgenden Kinderschutzaufgaben benötigt werden. Das müssen für den Bereich des Kinderschutzes Vertreter des Jugendamtes, „Wächteramt" sein und für den Bereich der Verdachtserhärtung auch Institutionen, in denen der Erstverdacht aufgetreten ist. Hierbei ist darauf zu achten, dass bei der Befragung eines Kindes ein struktureller Rahmen angeboten wird, in dem es nur einmal erzählen muss und nicht in unterschiedlichen Institutionen von unterschiedlichen Personen immer wieder zum gleichen Sachverhalt befragt wird. Die Gefahr besteht, dass bei Mehrfachbefragungen, die Kinder in einigen Aspekten abweichende Darstellungen von Sachverhalten geben und ihnen diese fehlende Stringenz den Vorwurf der Unglaubwürdigkeit und Beeinflussbarkeit einbringen könnte, z. B. durch den Anwalt des Täters. Schließlich ist er ebenfalls spezialisiert darin, seinen Mandaten aus seiner „miseren Lage" zu befreien. Damit sich kein Fehlverhalten bei der Intervention nach Aufdeckung durch das betroffene Kind einschleicht, ist folgende Vorgehensweise hilfreich:

- Abfragen von kleinsten Fakten: Wer war anwesend? Wann ist es passiert? Wie oft? Was ist passiert? Fragen Sie nicht „Warum?"!
- Kognitiv und emotional erzählen lassen
- Zuhören
- Gefühle zuordnen („du weinst jetzt, weil du vielleicht...")
- Pausen/Stille aushalten („Möchtest du noch mehr erzählen?"

Wenn das betroffene Kind nach der Aufdeckung weglaufen sollte, kann folgende Annäherung hilfreich sein:

- „Ich erinnere mich von dir gehört zu haben…"
- „Ich mache mir Sorgen, es wäre gut, wenn du mir das erzählen könntest."
- „Es ist mir wichtig, dass du weißt, das nichts hinter deinem Rücken geschieht…"
- „Du passt auf, dass ich alles richtig erzähle…"
- „Ich weiß, dass es nicht leicht war, mir das alles zu erzählen, und deshalb hast du Drogen genommen…"

Gehen Sie mit dem betroffenen Kind in kein Geheimnis bzw. äußern Sie kein Versprechen, dass Sie dem betroffenen Mädchen oder Jungen helfen. Formulieren Sie Offenheit: „Ich versuche dir zu helfen", oder „Ich begleite dich…"

Auch Eltern sollten wissen, dass sie von absoluter Wichtigkeit sind, wenn das eigene Kind, oder dass bekannte Mädchen, z. B. aus der Nachbarschaft oder der Schule sich ihnen öffnet. Wie sollten Eltern also im Sinne des Kinderschutzes regieren?

- Glauben Sie dem Kind, wenn es Ihnen von Demütigungen, Bedrohungen berichtet.
- Loben Sie das Kind für den Mut, sich anzuvertrauen.
- Sorgen Sie umgehend für die Sicherheit des betroffenen Kindes.
- Versuchen Sie wahrzunehmen, ob und welche Folgen die erlebten sexuellen Übergriffe für das Kind haben.
- Suchen Sie professionelle Unterstützung.
- Stärken Sie das Kind und zeigen Sie ihm transparent seine Handlungsmöglichkeiten auf.

Eltern sollten sich umgehend an das Jugendamt wenden, sobald Sie einen vagen Verdacht bzw. eine Aufdeckung durch das eigene Kind, oder ein vertrautes Kind erfahren haben. Die Professionen des Kinderschutzes werden alles erdenklich Wichtige in die Wege leiten, damit das betroffene Kind aus seinem Leid befreit werden kann oder eben um einen sexuellen Missbrauch auszuschließen, um dann nach anderen Ursachen zu suchen, damit die „zerrüttete" Seele des Kindes wieder Frieden findet. Außerdem ist das Jugendamt flächendeckend vernetzt und benötigt Unterstützung durch andere Professionen, wie die Polizei, die Rechtsmedizin oder das Familiengericht. Legt der Täter oder die Täterin ein Geständnis ab, kann das Gericht u. U. auf die Befragung des Kindes zu verzichten, wenn diese bereits an anderer Stelle erfolgt ist.

6.2.3 Belastungen von Fachkräften in Zusammenhang mit Kinderschutz

Bereits während der intensiven Fallkonferenzen in Bezug auf einen *vagen Verdacht* und auch sicherlich bei einem *harten Verdacht* ist es nicht von Seltenheit, dass sich Professionen mit einzelnen Familienmitgliedern identifizieren. Häufig identifiziert sich die vertraute Person mit dem Kind, andere Professionen mit der Mutter oder dem Täter, der Täterin. Somit kann der Identifikationsprozess dazu führen, dass sich die Fachkräfte, das zur Besprechung angetreten ist, einem möglicherweise sexuell misshandelten Kind zu helfen, spaltet. In diesem Rahmen kann es so massiven Auseinandersetzungen kommen. Ich erinnere mich an eine Fallkonferenz, wo eine Kollegin gebeten wurde, den Raum zu verlassen, da eine konstruktive Zusammenarbeit nicht mehr möglich war. Ich bewunderte meine damalige Chefin Frau A. sehr, für diese äußerst professionelle Haltung und Vorgehensweise, da sie die Belastung dieser Kollegin „zwischen den Zeilen" aufdecken konnte. Denn die im Helfersystem aufgetretenen Gefühle und Konflikte spiegeln die Gefühle und Konflikte innerhalb der Familie wieder. Beharren dann die Professionen auf ihren Einschätzungen und erkennen den bestehenden Konflikt nicht als „Stellvertreter-Konflikt", gibt es kaum noch Chance diesen Konflikt zu lösen.

Die schwerwiegende Folge: eine völlig falsche Vorgehensweise wird getroffen, die nichts mehr mit dem Wohl des Kindes zu tun haben. Häufig führt eine solche Handlung zur Verleugnung der Misshandlung durch einzelne Familienmitglieder und damit zur Fortdauer des sexuellen Kindesmissbrauchs.

Doch was können wir draus lernen? Die Themen, wie Vernachlässigung, Misshandlung und sexueller Missbrauch an Kindern emotionalisieren stark. Häufig wird nach Schuldigen gesucht, auch in den Helferteams untereinander, aber vor allem in der Öffentlichkeit gelangen häufig Helfer in Fokus der Kritik, weil sie ihre Arbeit nicht sorgfältig ausgeführt haben – zum Leid des Schutzbefohlenen. Jeder Kinderschutzfall ist einmalig und immer eine große Herausforderung. Vor allem diese Fälle werden sehr belastend erlebt, und ein unerfreulicher Fallausgang wird häufig als persönliches Scheitern erlebt. Vor allem zu Beginn meiner Arbeit im *Wächteramt* erlebte ich selbst fast durchgehend das Ringen um die rechte Balance bei der Planung von „passgenauen" Interventionen, das Vermeiden von Schnellschüssen etc. Wiederum andere sprachen über Gefühle des gefährdungssteigenden Abwartens und einem „Polsteraufbau", um sich gegen heikle Situationen emotional zu schützen (vgl. Fegert, 2015).

Es ist nicht selten, vor allem dann, wenn uns das Schicksal von Heranwachsenden sehr berührt, dass ein „*Helfersyndrom*" bis hin zum Adoptionsgedanke und Aufnahme in die eigene Familie vorzufinden ist. Wenn dieser Zeitpunkt eingetreten ist und Professionen diese

Gedanken hegen, ist es wichtig, sich solche „*Helferfantasien*" bewusst zu werden. Letztendlich sind diese Gedanken nicht wirklich gravierend, dies beweist meines Erachtens eine überdurchschnittliche Empathie, allerdings hat dies nur wenig mit professioneller Distanz zu tun. Oft tun einem diese Kinder, gerade im Vergleich zu den Chancen der eigenen Kinder, unendlich leid und dieses Mitleid kann zu unreflektierten Beziehungsangeboten führen, die nachher nicht eingehalten werden können oder schlimmer noch – bei den betroffenen Kindern falsche Erwartungen wecken können (vgl. Fegert, 2015).

„Schuster, bleib bei deinen Leisten."

Fegert (2015) empfiehlt in Bezug auf die Selbstfürsorge folgende Vorgehensweise:

- Unterstützungspersonen von sexuell missbrauchten Kindern und Jugendlichen sollten eine Rollenklarheit haben.
- Verlassen Sie auch nicht in zugespitzten Situationen bestimmte gegebene Rahmenbedingungen.
- Waren Sie professionelle Distanz.
- Schützen Sie die Grenzen der eigenen Privatheit (z. B. geben Sie Ihre private Telefonnummer nicht den betroffenen Kindern, oder ihre Adresse etc.).
- Nutzen Sie Supervision für sich und im Team.
- Professionell-erlebtes Leid ist nicht ihr privat geteiltes Leid (d. h. beziehen Sie aufgrund der Aufregung Ihr privates Umfeld nicht mit ein. Es wird nichts nützen. Dort werden Sie keine Entlastung finden. Sie verlieren dadurch nur unterstützende und entlastende Freizeitaktivitäten und auch Ihre Liebesbeziehung zu Ihrem/r

Partner/in hat keine Entlastungsfunktion! Nutzen Sie Ihren privaten Bereich zur Distanzierung und Entspannung).

„Liebe Frau Sabas, arbeiten Sie immer so,
dass Sie ‚gut' Feierabend machen können."
(Frau A.)

Es gab sicherlich Abende, in denen mir Situationen durch den Kopf gingen und ich erst vor Erschöpfung eingeschlafen bin. Allerdings hatte meine großartige Chefin ein herrliches Gespür für die „seelische Beschwerung" ihrer Teams. Diese Aussage prägt meine Arbeitsweise, aber auch meine private Lebenshaltung bis heute. Es ist wichtig, bevor die Zimmertür geschlossen wird, dass alles Erdenkliche im Sinne des Kinderschutzes vollbracht und abgesprochen wurde, um eine private Entlastung zu erleben, mit der notwendigen Distanz. Nehmen wir ein Beispiel:

> **Beispiel**
>
> *Die Klassenlehrerin ruft bei Ihnen um 15:45 Uhr an und berichtet, dass Julia (7 Jahre) von sexuellen Übergriffen durch den Onkel berichtet hat und danach weggelaufen ist. Um 17 Uhr ist das Kind immer noch nicht zu Hause aufgetaucht. Julia's Eltern sind besorgt und haben die Polizei angerufen.*
>
> *Was würden Sie tun? Würden Sie Ihr Auto nehmen und selbst nach dem Kind suchen? Vielleicht sogar noch mit der Polizei zusammen? Oder sogar gemeinsam mit den Eltern…? Ich lade Sie ein, an dieser Stelle Ihre professionelle Distanz und Ihre emotionale Reaktion zu überprüfen.*

Grundsätzlich sollte man die *eigene Belastung* immer im Blick behalten und beobachten, ob Schlafprobleme oder sogar vermehrter Alkoholkonsum, um die Schlafenszeit einzuleiten, etc. auftreten. Hinweis: Als Regel der Selbstfürsorge gilt, wenn Sie von Ihrem/r Partner/in angesprochen werden, dass man abweisend, verändert, belastet sei, ist es allerhöchste Zeit, um sich selbst zu kümmern (Beratung, Unterstützung, Supervision).

6.3 § 8a SGB VIII: Verfahren des Wächteramtes bei Anhaltspunkten für einen innerfamiliären sexuellen Missbrauch

Wenn Sie als Eltern einen vagen oder begründeten Verdacht haben, sollten Sie sich umgehend an das örtliche Jugendamt wenden. Denn es ist die Pflicht des *Wächteramtes* einer *Verdachtsabklärung* nachzugehen, wenn *gewichtige Anhaltspunkte für eine Kindeswohlgefährdung* bestehen. In Fällen des *vagen, begründeten oder erhärteten Verdachts eines sexuellen Kindesmissbrauchs* ist es die Aufgabe des Jugendamtes, in Zusammenarbeit mit Professionen aus Beratungsstellen, Kindertagesstätten, Schulen, dem Gesundheitswesen etc. zu einer Einschätzung zu kommen, ob das Kindeswohl durch sexuelle Gewalt gefährdet ist und somit notwendige Maßnahmen zum Schutz des Kindes einzuleiten (z. B. Inobhutnahme oder Kontaktverbot). Das Jugendamt handelt in diesen Fällen streng nach dem *§ 8a SGB VIII (Schutzauftrag bei Kindeswohlgefährdung)*

Das bedeutet konkret, das *Wächteramt* ist bereits im Falle eines *begründeten Verdachts auf sexuellen Kindesmissbrauch* staatlich verpflichtet, den räumlichen Schutz des Schutzbefohlenen sicherzustellen, und nicht erst, wenn der sexuelle Missbrauchsverdacht durch eindeutige

Beweise erhärtet wurde. Gleichzeitig ist das *Wächteramt* dazu verpflichtet, sicherzustellen, dass Angehörige (nicht missbrauchende Eltern, Geschwister) des betroffenen Kindes zeitnah notwendige und angemessene Unterstützung angeboten bekommen.

Wann ist ein sexueller Kindesmissbrauch begründet? Fachkräfte der Jugendhilfe und des Gesundheitswesens müssen von einem *begründeten Verdacht* ausgehen, wenn z. B. konkrete Aussagen eines oder mehrerer Kinder über sexuelle Übergriffe bzw. *strafrechtliche relevante Missbrauchshandlungen* vorliegen. Das kann z. B. sein, wenn ein Kind sich einer Lehrerin anvertraut und von sexueller Misshandlung berichtet oder in Form von Tagebuchnotizen, Postings im Internet etc. Sofern der räumliche Schutz des betroffenen Kindes sichergestellt wurde, empfiehlt sich in einigen Fällen zur Abklärung des Verdachts ein Gespräch mit dem Beschuldigten zu führen. Darüber hinaus müssen die Professionen, aber auch Eltern, alle Nachweise, die möglicherweise die Aussagen eines Schutzbefohlenen stützen können, sicherstellen (z. B. Briefe aufbewahren, Unterwäsche, Bettwäsche ungewaschen lassen, E-Mails, SMS und Whats-App-Nachrichten speichern).

Darüber hinaus wird das Jugendamt zügig eine Stellungnahme gem. § 1666 BGB (Gerichtliche Maßnahmen bei Gefährdung des Kindeswohls) an das Familiengericht verfassen. An dieser Stelle sollte man gut überlegen, ob eine Strafanzeige sinnvoll erscheint. Niemand ist zur Strafanzeige verpflichtet! Die Entscheidung, ob Strafanzeige erstattet werden sollte oder nicht, müssen die Professionen im konkreten Fall oder Berücksichtigung der psychischen Belastungsfähigkeit des betroffenen Kindes genauestens prüfen. Eine Hilfestellung zur Vorgehensweise könnte sein: Wenn objektive Beweise vorliegen, wie z. B. kinderpornografisches Material, beflecktes Bettlagen/Unterwäsche, oder wenn mehrere betroffene Kinder und Jugendliche zur Aussage bereit sind, so empfiehlt sich in der Regel die Strafanzeige. Der Hintergrund: Die psychische Belastung der Schutzbefohlenen reduziert sich deutlich (vgl. Enders, 2015).

Bei einem *innerfamilialen sexuellen Kindesmissbrauchs* müssen Fachkräfte berücksichtigen, dass die Eltern das Sorgerecht innehaben. Somit muss bedacht werden, dass es zu einem Gespräch mit dem Beschuldigten kommen kann. Sie sollten genauestens Kenntnisse der Details haben, aus denen sich der Verdacht begründet.

Denn die Täterschaft hat ein feines Gespür dafür, ob Sie genauestens über den Fall informiert sind oder nur unzureichend Wissen über die Dynamiken beim sexuellen Kindesmissbrauch haben.

Der Täter, die Täterin wird durch seine hervorragenden manipulativen Fähigkeiten, dies zu seinem/ihrem Vorteil nutzen, um auch Ihre Wahrnehmung zu vernebeln. Stellen Sie sich immer die Frage: *„Habe ich die emotionale Offenheit für eine freundliche und unaufgeregte Gesprächsführung?"* Das Gespräch mit einem Beschuldigten muss auf menschliche, respektvolle Weise geführt werden. Darüber hinaus dürfen keineswegs Hinweise des betroffenen Kindes auf mögliche Tatabläufe besprochen werden! Dies wäre ein Verrat gegenüber dem Schutzbefohlenen. Ein Verrat, was die betroffenen Mädchen und Jungen bereits zuvor sehr leidvoll erlebt haben.

Beschuldigte, die zu Recht verdächtigt werden, kommen in der Regel aus strategischen Gründen:

- Sie wollen einen guten Eindruck hinterlassen und den Verdacht zu streunen.
- Auf Empfehlung des Anwalts (ggf. Strafmilderung), geben sie sich kooperativ oder haben massive Angst vor Zerstörung der Familie.

- Häufig richten sie Wut auf die Person, die den Verdacht geäußert hat.
- Einige wenige sind in wirklich Sorge um das Kind, gehen allerdings davon aus, dass der sexuelle Missbrauch den Schutzbefohlenen nichts geschadet hat, sondern eher der Prozess der Interventionen/Schutzmaßnahmen (vgl. Enders, 2015).

7

Gesprächsführung mit Kindern und Jugendlichen bei Verdacht auf sexuellen Missbrauch

Das Erlernen einer angemessenen Befragung von Kindern bei Verdachtsfällen von sexuellem Missbrauch ist unumgänglich, wenn Fachkräfte, aber auch Eltern mit sexueller Grenzverletzung am Kind konfrontiert werden. Trotz Wissen um Ursachen und Merkmale von sexualisierter Gewalt besteht oft besondere Unsicherheit im direkten Kontakt mit einem Kind oder Jugendlichen, das Thema anzusprechen. Daher ist mir ein enormes Anliegen, Ihnen Gesprächstechniken aufzuzeigen, die ich selbst angewandt habe, da hier bereits das Fehlverhalten beginnen kann und bei einer unprofessionellen Gesprächsführung der Fall seine „Glaubwürdigkeit" verliert. Ich bitte Sie, sich diesen Handlungsleitfaden zu Herzen zu nehmen, zu üben – damit Sie im Falle einer Konfrontation nicht erst nachschlagen müssen. Das Kind, dass Sie auserwählt hat, wird Ihr zögern bemerken. Stellen Sie sich gut auf, das ist meine große Bitte an Sie. Das betroffene Kind wird es Ihnen vom ganzen Herzen danken – und das ein Leben lang.

7.1 Handlungsleitfaden im (Gesprächs)-Umgang mit sexueller Gewalt an Kindern und Jugendlichen

Die Kinder, die *spontane Angaben über den sexuellen Missbrauch* machen, stellen eine relativ große Gruppe dar. Allerdings muss hier differenziert werden, dass der Anteil der Kinder, die spontan berichten, wesentlich geringer, wenn es sich um einen Täter in der Familie handelt. Während jüngere Kinder (bis 10 Jahre) überwiegend zuerst mit einem Erwachsenen (meistens mit der Mutter) über ihr Leid sprechen, wenden sich ältere Kinder und Jugendliche an einen Freund oder Freundin. An dieser Stelle ergeben sich zwei unterschiedliche Gesprächskonstellationen, in denen es zu Gesprächen mit betroffenen Kindern über den sexuellen Kindesmissbrauch kommen kann:

Ungeplante Gespräche: Hier wenden sich Kinder an einen Erwachsenen (z. B. Mutter, Lehrer, Schulpersonal, Trainer, die Mutter eines Freundes etc.). Bei den spontanen Angaben des Kindes, kommt das betroffene Mädchen oder Junge mit der Absicht, etwas mitzuteilen. Ihre Aufgabe besteht darin, ob Eltern oder Fachkraft, diese Absicht zu unterstützen. Geben Sie dem Schutzbefohlenen einen geschützten Raum, über seine qualvollen Erfahrungen zu sprechen. Sie sollten wissen, wenn das betroffene Kind sich an Sie wendet, hat es Sie für den richtigen Ansprechpartner „auserwählt".

Schicken Sie das Kind nicht sofort zu einer Spezialstelle für sexuell missbrauchte Kinder. Seien Sie für das Kind mit seinem Kummer in erster Linie da. Beginnen Sie sofort das Gespräch, wenn Sie von dem Kind angesprochen werden. Nehmen Sie sich Zeit und sorgen Sie für eine ruhige (räumliche) Atmosphäre. Brechen Sie das angefangene Gespräch nicht nach wenigen Minuten ab, weil z. B. die Schulglocke klingelt, oder weil Sie einen Friseurtermin, oder ähnliches. haben. Das Wohl des Kindes hat immer oberste Priorität. Verschieben Sie niemals das Gespräch auf den nächsten Tag, das betroffene Kind wird vielleicht am nächsten Tag nicht mehr den Mut aufbringen, wie an diesem Tag und wird nur in der negativen „Spirale" verstärkt, dass Erwachsene nur Enttäuschung bringen – und wohl möglich an diesem Abend wieder Höllenqualen des sexuellen Übergriffs erleiden. Hören Sie dem Kind zu und lassen Sie es sprechen. Unterbrechen Sie das Kind nicht durch Fragen und Kommentare.

Die Gesprächsführung muss ergebnisoffen und nicht suggestiv angesprochen werden. Das bedeutet, Fragen wie z. B. *„Und dann hat der Mann dich angefasst, oder?"* oder *„Berührt er dich nicht hier unten?", Hast du ein Problem mit deinem Stiefvater?"*, müssen unbedingt vermieden werden, da sie dazu führen können, dass ein Kind über einen Missbrauch redet, der gar nicht stattgefunden hat und möglicherweise am Ende selber davon überzeugt ist.

Zudem kann ein suggestives Vorgehen Erinnerungen nachhaltig beeinflussen, verändern und überlagern. Das ist besonders bei jüngeren Kindern der Fall.

Wenn das Kind sein Gespräch beendet hat, können Sie an dieser Stelle gezielt Nachfragen:

„Ist noch mehr passiert?"; „Möchtest du dazu noch mehr erzählen?". Mit diesen allgemeinen Nachfragen signalisieren Sie dem Schutzbefohlenen, dass es Ihnen

alles erzählen kann. Das Kind spürt, dass es Ihnen vertrauen kann. Wie ausführlich das Kind berichtet, kann es selbst entscheiden. Nur Ermittlungsbehörden benötige detaillierte Informationen über Häufigkeit und genaue Abläufe von Handlungen zu erheben. Aus diesem Grund gibt es absolut keine Notwendigkeit detailliert zu einzelnen sexuellen Handlungen nachzufragen. Dennoch sollten Sie in Erfahrung bringen, ob es sich um aktuelle sexuelle Vorfälle oder sexuelle Grenzüberschreitungen in der Vergangenheit handelt, denn dies ist für das weitere Vorgehen maßgeblich. Darüber hinaus geben Sie dem Kind das Gefühl, dass es richtig ist, über das Leid zu sprechen. Halten Sie Ihre Emotionen zurück, denn dies kann sich negativ auf das Kind auswirken. Weinen Sie nicht in Anwesenheit des Kindes (auch dies ist während meiner beruflichen Laufbahn von Kollegen vorgekommen!) diese große emotionale Betroffenheit des Erwachsenen wird für die meisten Kinder nicht unterstützend wirken, weil dieser Erwachsene in den Augen des Kindes nicht stabil genug erscheint, Unterstützung bzw. Hilfe zu bieten.

Durchaus kann es auch vorkommen, dass das Kind mitten im Gespräch aufhört zu berichten, weil die betroffenen Kinder auf die emotionale Verfassung des Vertrauenswürdigen Rücksicht nehmen.

> Die größte Gefahr in dieser Gesprächskonstellation besteht darin, dass Sie das Kind in seiner Absicht, etwas zu berichten, durch überflutende Fragen und Kommentare nicht zu Wort kommen lassen, oder durch Ihre eigene emotionale Betroffenheit (z. B. wertende Äußerungen: „Oh ist das schlimm! Wie schrecklich, was man dir angetan hat!", „Das hat er mit dir gemacht? Ich bin geschockt!" etc.) das Kind zum Schweigen bringen.

Wenn sich ein Kind an Sie wendet, um eine Mitteilung über sexuellen Missbrauch zu machen, ist die Wahrscheinlichkeit, dass es sich um falsche Beschuldigungen handelt, sehr klein. Denn: Je jünger das Kind ist, desto unwahrscheinlicher ist es, dass es sich um eine absichtliche Falschbezichtigung handeln könnte. Merken Sie sich bitte, dass es keine Veranlassung gibt, spontane Aussagen eines Kindes über sexuelle Missbrauchserfahrungen mit besonders großem Misstrauen zu begegnen (vgl. Volbert, 2015).

Zusammenfassung: Ein Gesprächsangebot kann Kindern und Jugendlichen erstmals die Möglichkeit bieten, von entsprechenden leidvollen Erlebnissen des sexuellen Missbrauchs zu berichten.
Dabei müssen Sie auf Folgendes achten:

- Ergebnisoffen fragen
- Suggestive (manipulative) Fragen vermeiden
- Keine direkten oder indirekten Vermutungen, Vorgaben, Vorschläge bezüglich des Vorliegens sexueller Gewalt
- Kein drängendes Sprechen durch Wortwahl („Du hast doch…", „Ich weiß, dass…"), Intonation, Mimik oder Gestik
- Eventuelle Zurückweisung der Vermutung ernstnehmen
- Aktiv zuhören, d. h. nicken, „mhh"
- Detailgenauigkeit dem Kind/Jugendlichen überlassen
- Offene freundliche und unterstützende, aber neutrale Haltung
- Verständnis
- Stabile Vertrauensperson sein
- Glauben schenken und nicht bagatellisieren (v. a. bei Übergriffen durch Gleichaltrige)
- Engen Körperkontakt nicht selbst initiieren, z. B. in den Arm nehmen

- Keine Bewertung von Handlungen oder Personen, z. B. „gut", „falsch", „böse", „harmlos", „nicht so schlimm"
- Keine zu starke oder dramatisierte emotionale Betroffenheit
- Keine falschen Versprechungen, z. B. Verschwiegenheit

Im Anschluss an das Gespräch sollten Sie umgehend ein *Gedächtnisprotokoll* führen! Bitte nicht in Anwesenheit des Kindes, dies gibt dem Kind das Gefühl, dass es nicht Ihre volle Aufmerksamkeit erhält und Sie sich nicht wirklich Zeit für das Kind genommen haben.

Geplante Gespräche: Hier werden Befragungen durchgeführt, um einen Verdacht auf sexuellen Missbrauch abzuklären. Anders als bei einem ungeplanten Gespräch wird bei dieser Konstellation des *geplanten Gesprächs* das Thema sexueller Missbrauch an das Kind herangeführt. Sie müssen wissen, ob Eltern oder Fachkräfte, dass es besonders, ggf. wiederholt eingesetzter spezieller *Befragungstechniken* und *Gesprächstechniken* bedarf, um das Kind „zum Sprechen zu bringen".

Den gravierendsten Fehler, den Sie machen können ist, dass Kind aufgrund Ihrer Erwartungshaltung, mit wiederholten suggestiv Fragen, dazu zu bringen, sich an sexuelle Ereignisse zu „erinnern", die überhaupt nicht stattgefunden haben! Wenn Kinder, die nicht sexuell missbraucht worden sind, wiederholt zu entsprechenden Ereignissen befragt und die Antworten des Kindes nicht akzeptiert, entsteht für das Kind eine strukturell unklare Befragungssituation, aus der eine Empfänglichkeit für Suggestionen (Manipulationen) resultiert. Insbesondere bei jüngeren Kindern, gehört es zu ihren Alltagserfahrungen, dass Ihnen Erwachsene und Vertraute über Erlebnisse berichten, an die sie aufgrund ihres Entwicklungsstandes keine Erinnerung haben, und somit ist es für die Kinder naheliegend, dass der befragende Erwachsene besser weiß, was geschehen ist, als das Kind selbst (vgl. Volbert, 2015).

Das Kindeswohl ist in gravierender Weise beeinträchtigt, wenn ein Kind in dem Glauben groß wird, es sei sexuell missbraucht worden, obwohl es in Wirklichkeit nicht der Fall war! Der Schaden verstärkt sich, wenn aufgrund der unzutreffenden Missbrauchsannahme der Kontakt z. B. zum Vater gesperrt wird, bzw. die Bezugsperson für das Kind nicht mehr erreichbar ist. Das seelische Leid des Kindes, aufgrund des zu Unrecht verurteilten Vater, die sogar vielleicht zerstörte Familie, die Instabilität der Kindesmutter u.ä., wird tiefe Wunden tragen – und das ein Leben lang. Und warum? ....

Wie Sie erkennen, haben Sie einen großen Einfluss darauf, wie die Biografie des Kindes weiter verläuft. Somit sind nach Volbert (2015) folgende Befragungen zur Abklärung eines Missbrauchsverdachts zu beachten:

- **Unterscheiden Sie von erklärungsbedürftigen Auffälligkeiten und entwicklungs- oder persönlichkeitsspezifischen Besonderheiten.**
- **Legen Sie keine schnelle Festlegung** (da es weder Verhaltensauffälligkeiten, psychosomatische Beschwerden, Spielverhalten oder Zeichnungen von Kindern gibt, welche einen spezifischen Hinweis auf sexuellen Kindesmissbrauch liefern, können Sie nicht wissen, dass ein Kind sexuell missbraucht worden ist, wenn es nicht darüber gesprochen hat).
- **Befragen Sie offen** (der Begriff der „Aufdeckung" ist eigentlich nur sinnvoll, wenn Sie schon wissen, dass es geschehen ist und das dieser nun aufgedeckt werden muss).
- **Interpretieren Sie die Äußerung des Kindes nicht falsch** (wichtig: wird ein jüngeres Kind befragt, ob

es mal von seinem Vater an den Geschlechtsteilen berührt worden ist, berichtet ist möglicherweise über ein Waschen oder Eincremen in einem frühen Entwicklungsstand, weil das Kind nicht weiß, dass sich die Fragen eigentlich auf sexuell motivierende Handlungen beziehen. Die Gefahr besteht, dass die Antworten missverstanden werden).

> Mögliche Fehler im Verhalten des befragenden Kindes sein, dass Sie durch eine frühe Festlegung auf einen sexuellen Kindesmissbrauch als Auslöser für psychische Auffälligkeiten und eine nicht ergebnisoffene Befragung manipulative (suggestive) Prozesse in die Wege geleitet werden, an deren Ende ein nicht sexuell missbrauchtes Kind einen Bericht über einen sexuellen Missbrauch abgibt und davon überzeugt sein könnte, sexuellen Missbrauch erfahren zu haben. Diese Gefahr ist bei Kinder bis zum Alter von 6 oder 7 Jahren besonders hoch (vgl. Volbert, 2015).

Für Kinder kann es sehr erleichtert sein, wenn z. B. eine Sozialarbeiterin sagt, dass sie jeden Tag mit Kindern spricht. Das Gefühl von Sicherheit ist in Gesprächsumgang mit Kindern wichtig, und der sollte dem Kind so vorsichtig wie möglich mitgeteilt werden, dass Sie mit dem Kind reden wollen, weil sich z. B. jemand Sorgen um das Kind macht. Des Weiteren ist es wichtig, mit dem Kind, dass Sie mit dem Kind in einer Sprache sprechen, die seinem Entwicklungsstand angemessen ist. Zudem sollten Sie, wenn das Kind Sie nicht kennt, sich bei dem Kind vorstellen, mit den Namen und Ihrer beruflichen Rolle, sowie einer altersangemessenen näheren Beschreibung Ihrer Tätigkeit.

Dies könnte z. B. wie folgt aussehen:

- *„Ich bin Sozialarbeiterin und arbeite für das Jugendamt. Mein Name ist Frau S. Meine Aufgabe ist es, Kinder und ihren Familien zu helfen."*
- *„Mein Name ist Frau C. Ich bin Psychologin und arbeite bei einer Einrichtung die Kinder schützt. Es gehört zu meinen Aufgaben, Kindern zu helfen, denen es nicht gut geht."*
- *„Ich bin Frau A. Ich bin Kommissarin und arbeite bei der Polizei. Weißt du, was eine Kommissarin bei der Polizei macht?"*

Im nächsten Schritt können folgende Fragestellungen hilfreich sein

- *„Hast du eine Idee, wieso wir hier zusammensitzen?"*
- *„Kannst du dir vorstellen, warum ich mit dir sprechen will?"*
- *„Was hat dir deine Lehrerin gesagt, wieso ihr hier her gekommen seid?"*

> **Wichtig**
> Sollten über diese Fragen, Missverständnisse aufgekommen sein, kann die Klärung zu mehr Sicherheit beitragen. Zudem kann die Vertrauensbasis zum Kindes gestärkt warden.
>
> An diesem Punkt können Sie mit dem Kind über persönliche Interessen und Hobbys sprechen. Dies ermutigt das Kind, etwas über sich zu erzählen und ist zudem eine Gelegenheit, näheres über die Lebensumstände des Kindes zu erfahren.

- *„Wie alt bist du?"*
- *„In welche Klasse gehst du?"*
- *„Wie heißt deine Lehrerin?"*

- „*Welches ist dein Lieblingsfach?*"
- „*Was ist dein Lieblingsspiel?*"
- „*Mit wem spielst du am liebsten?*" etc.

> Dehnen Sie diese Phase nicht zu lange aus, da sich das Kind fragen wird, weshalb das Gespräch überhaupt stattfinden musste und dann das Interesse verlieren. Merken Sie sich: Insbesondere Kinder, die bereits einen kleinen Teil ihrer qualvollen Erfahrungen aufgedeckt haben, wissen genau, weshalb das Gespräch geführt wird. Sie warten lediglich darauf, über den sexuellen Missbrauch zu sprechen. Sie wollen die Geheimhaltung des sexuellen Missbrauchs durchbrechen – mit Ihnen! Zu langes Zögern Ihrerseits erhöht die Angst des Kindes und die Mädchen oder Jungen verlieren an Mut.

An dieser Stelle möchte ich Sie dringend noch einmal daran erinnern, dass Ihre eigenen Gefühle zu sexueller Kindesmisshandlung die Beziehungsaufnahme stark beeinflussen. Ruhe, emotionale Standhaftigkeit, Geduld und Ehrlichkeit sind notwendige Grundhaltungen gegenüber dem Kind. Seien Sie sich sicher, das Kind, prüft Sie genau. Es wird auf Ihre Mimik, Körpersprache, und Stimme achten. Das Kind wird dies bemerken und Angst bekommen, wenn aus Ihrer inneren Unsicherheit oder äußerem Druck zu schnell oder zu holprig gesprochen wird.

Selbst wenn Sie noch so sichere Hinweise auf sexuellen Kindesmissbrauch zu haben glauben, dürfen Sie das Kind nicht sofort darauf ansprechen. Eine Klärung dessen, was geschehen ist, kann erst dann möglich sein, wenn das Kind von sich selbst anfängt zu erzählen. Dabei müssen Sie vermeiden Fragen zu stellen, die Informationen beinhalten, die das Kind noch nicht mitgeteilt hat. Es ist Ihre Aufgabe, das Kind dahingehend zu unterstützen, dass es trotz seiner vielfältigen Ängste über einen möglichen sexuellen Übergriff reden kann. Allgemein erfordert es ein vorsichtiges Vorgehen.

Die Äußerungen des Kindes im Vorfeld, lassen entweder einen harten Verdacht auf sexuelle Kindesmisshandlung zu oder sind bereits als Aufdeckung anzusehen. Dann könnten folgende Fragen eine große Hilfestellung sein:

- *„Deine Freundin Magdalena hat mir erzählt, dass es dir zu Hause nicht gut geht. Ihr spielt da so komische Spiele. Kannst du mal ein bisschen darüber erzählen?"*
- *„Was geschah dann?"*
- *„Woher weißt du, dass da Babys entstehen?"*
- *„Wer hat gesagt, dass das Samen heißt"*
- *„Welche Farbe hatte es?"*
- *„Deine Lehrerin hat mir erzählt, dass du es nicht schön findest, wenn dich jemand da anfasst, wo du es nicht haben willst. Kannst du mir davon erzählen?"*
- *„Du hast mir erzählt, dass dein Papa dich immer ärgert und dass das am Popo weh tut. Was macht denn dein Papa, wenn er dich ärgert?"*
- *„Wann passierte es?"*
- *„Wie hat es ausgesehen?", „Wann hat Papa das gemacht?"*
- *Deine Erzieherin Dana hat erzählt, dass du es blöd findest, wenn eure Nachbarin auf dich aufpasst. Was genau findest du blöd daran?" etc.*

Des Weiteren können Symptome auf sexuelle Kindesmisshandlung hinweisen. Ist sorgfältig überprüft worden, z. B. durch eine medizinische Abklärung, Familienhintergrund etc., dass keine anderen Faktoren die Veränderungen beim Kind herbeigeführt haben können, kann nach genauester Abwägung auch sexueller Kindesmissbrauch als Ursache infrage kommen. An dieser Stelle können Sie die

Symptome mit in die Fragemöglichkeiten hinein beziehen. Dies könnte wie folgt aussehen:

- *„Wo genau spürst du Bauchschmerzen? Kannst du mir das mal zeigen?"*
- *„Kannst du deine Albträume aufmalen?" „Kannst du mir dazu etwas erzählen?"*
- *„Wovor hattest du denn am meisten Angst... Wann beginnt deine Angst, morgens oder abends?"*
- *„Hast du schon mal woanders solche Spiele gespielt?"* (bei sexualisiertem Verhalten)
- *„Ist etwas passiert, dass du solche starken Unterleibsschmerzen hast?"* (medizinische Abklärung erfolgt: Periode etc., ausgeschlossen).
- *„Kannst du mir sagen, wann du am wenigstens Essen möchtest?"*
- *„Deine Lehrerin erzählte mir, dass du auf der Klassenfahrt mehrmals täglich bis zu einer Stunde unter der Dusche warst..."*

Bei der *Gesprächsführung mit Kinder und Jugendlichen* ist das Verständnis und die vorsichtige Vorgehensweise unter Beachtung ihrer Ängste, über das zu sprechen, was genau passiert ist, enorm wichtig. Der angemessene Umgang mit den Ängsten des Kindes ist ein wesentlicher Bestandteil hilfreicher Aufdeckungsarbeit. Sie müssen diese Ängste aus dem Kontext sexueller Kindesmisshandlung als Syndrom von Geheimhaltung – die Angst, dass dem Kind nicht geglaubt wird, die Angst vor Bedrohungen, die Angst vor den Konsequenzen nach Aufdeckung, die Angst eine sexuelle Sprache zu benutzen – verstehen.

> Bevor das Kind über die sexuelle Kindesmisshandlung sprechen kann, müssen diese Ängste angesprochen werden. Achten Sie darauf, dass in einem Aufdeckungs-

> gespräch permanenter Blickkontakt vermieden wird. Versetzen Sie sich in die Lage des verängstigten Kindes: Es wird Sie als aufdringlich und unangenehm empfinden. Das Kind wird sich bedrängt und überfordert fühlen. Zudem sollten Sie dem Kind nicht in „greifbarer" Nähe gegenübersitzen. Es sollte die Möglichkeit haben, jederzeit das Gespräch zu beenden. Lassen Sie dem Kind Wahlmöglichkeiten, d. h. den Blick zur Tür oder die Sitzposition in Nähe des Ausgangs.

Des Weiteren können Sie im Gesprächsumgang mit Kindern entsprechende Materialien einsetzen, wie z. B. Buntstifte, Papier, Knete, Handpuppen, Puppenhaus, Spieltelefon, Tiere etc. Es kann eine große Hilfe für Kinder sein, durch diese Materialien, möglicherweise stattgefundene sexuelle Handlungen zu zeigen. Eine Hilfestellung ist es Spielzeuge zur Verfügung zu stellen, die die Gefühle des Kindes widerspiegeln, die das Kind bei der sexuellen Misshandlung erlebt hatte.

> Hilfreiche Fragen sind alle „W"-Fragen (Ausnahme: „Warum?"!): „Wer?", „Was?", „Wo?", „Wann?", „Wie?"

Der Abschluss des Gesprächs sollte immer dahingehend geführt werden, dass das Kind in deinem Gefühl verbleibt, dass es gut war, mit dem Erwachsenen über seine leidvollen Erfahrungen zu sprechen. Schenken Sie dem Kind Anerkennung, in dem Sie z. B. sagen: *„Du warst so mutig, über so etwas Schwieriges zu sprechen."* Zudem ist es bedeutsam, dass Sie dem Kind deutlich machen, dass nicht das Kind, sondern der Täter, die Täterin die Verantwortung dafür trägt, was passiert oder noch geschehen wird. Gehen Sie mit dem betroffenen Mädchen oder Jungen alles nochmal angemessen durch, worüber gesprochen worden ist. Darüber hinaus sollten Sie transparent in Klärung gehen, welche Schritte als nächstes folgenden werden bzw. müssen. Greifen Sie an dieser Stelle nicht zu weit vor, da sonst die Angst des betroffenen Kindes verstärkt werden könnte. Außerdem könnte das Kind in den Prozess der Verleugnung übergehen (vgl. Gründer et al., 1997). Verabschieden Sie sich von dem Kind. Bedenken Sie, dass es in dieser Situation angemessen sein kann, mit dem betroffenen Kind sein Lieblingsspiel zu spielen oder seine Lieblingsgeschichte vorzulesen – wenn das Kind dies möchte!

7.2 Gesprächsführung im Kontext „geplantem Gespräch" und „spontanen Aussagen" mit Luisa (6 Jahre)

Luisa ist 6 Jahre alt. Das Mädchen erschien in meinem Büro, da es deutliche Hinweise auf sexuelle Gewalt durch ihren Opa gab, der sich bereits in Untersuchungshaft befunden hatte. Luisa erzählte mir, dass sie eigentlich immer sehr gerne zu ihrem Opa gegangen sei. Er hatte mit ihr an Weihnachten Plätzchen gebacken oder im Frühling Blumen eingepflanzt. Außerdem habe er mit Luisa viel gespielt, gebastelt und Ausflüge unternommen, die ihre Eltern aus beruflichen und zeitlichen Gründen nicht priorisierten. Luisa berichtete im Rahmen der Gesprächsführung von diversen sexuellen Handlungen ihres Opas und erklärte, sie habe sich auch nicht gewehrt. Luisas größte Angst bestand darin, keine „Pipinella" mehr zu haben. Das Mädchen offenbarte, ihr Opa habe ihr immer Sahne auf ihre „Pipinella" gestreut und diese dann „abgeleckt" und dann immer „hmm… Lecker, die „Sahninella" gesagt. Luisa ist der Meinung: „Opa hat meine „Pipinella" aufgegessen, die ist jetzt nicht mehr da. Pipi mache ich jetzt aus dem Popoloch." Als das eigentliche „geplante" Gespräch zum Ende ging und Luisa für sich entschied, noch eine Weile alleine zu malen, hörte ich sie während ihres freien Spiels folgendes sagen: „Diese Ketten, wirst du mir niemals wieder an meine Arme und Beine anziehen, du ekliger Sahne-Opa."

Ich hielt für einen Augenblick inne, denn mit einer spontanen Aussage in diesem Kontext hatte ganz sicher nicht gerechnet. Von den Ketten an Armen und Beinen hatte ich im Vorfeld keinerlei Informationen. Mit dem Wissen, dass Luisas Aussage, mit höchster Wahrscheinlichkeit die Strafe des Großvaters erheblich verschärften würde, war eine exakte und sorgfältige Ausarbeitung für das Familiengericht, ggf. die Staatsanwaltschaft notwendig. „Darf, ich mich neben dich setzen?", fragte ich mit ruhiger Stimme. Das Mädchen nickte, und ich nahm neben ihr Platz. „Möchtest du mir mehr darüber erzählen?" Luisa hauchte ein leises „ja", und zeigte mir das gemalte Bild. Luisa legte ihren Zeigefinger auf die Ketten und sagte: „Ich habe manchmal geschrien nach Hilfe, weinen konnte ich nicht mehr. Es kamen keinen Tränen irgendwie. Dann weiß ich, habe meine Augen zugemacht. Ich weiß, meine Arme und Beine zog ich zu mir. Aber Opa hatte Ketten am Bett. Er sagte, er könnte damit besser die Sahne ablecken, wenn meine Arme und Beine dran waren. Er sagte, alle Mädchen machen das so mit ihren Opas." „Wer war noch dabei?", fragte ich. „Nur Opa." Dann verstummte Luisa. „Nein, das stimmt nicht. Manchmal kam auch Oma rein." „Und was hat Oma dann gemacht?"

Oma kam rein, um zu gucken, ob alles in Ordnung ist. Aber sie hat mir nicht geholfen." Dann kaute Luisa auf ihren Fingernägeln herum und kratze sich nervös an den Armen. Sie erstarrte und brachte kein Wort mehr hervor. „Luisa, danke, dass du all deinen Mut auf dich genommen

hast, um mir das alles zu erzählen. Das ist sehr wichtig."
Das Mädchen schaute mich an und lächelte vorsichtig.
„Wenn du mir eines Tages mehr erzählen möchtest, weißt du, wo du mich findest."

Hier ergab sich eine sofortige Kooperation mit der ärztlichen Kinderschutzambulanz.

Diese Vernetzung war eine Notwendigkeit, um Luisa zu entlasten, indem eine Kinderärztin sie äußerlich untersuchte und ihr in ihrer Funktion als Ärztin erklärt und versichert, dass alles noch da ist und sie gesund ist. Dies führte zu einer *ersten* Stabilisierung der Kinderseele. Des Weiteren nahm Luisa umgehend therapeutische Unterstützung in Anspruch. Die Kindesmutter handelte mit Unterstützung des Jugendamtes im Sinne des Kindeswohls. Der personensorgeberechtigte Elternteil unternahm alles Bestmögliche für Luisa, damit sie sich gesund entwickeln konnte. Die Unterstützung durch das Jugendamt wurde seitens der Kindesmutter dankend angenommen, denn die zielgerichtete Hilfestellung bzw. die direkte Kontaktaufnahme erleichterte und beschleunigte den Hilfeprozess für das Mädchen maßgeblich. Nach erfolgter Anbindung nahm die Kindesmutter je nach Bedarf Kontakt zum Jugendamt auf.

8

Gelingende Kooperation zwischen Institutionen der Kinder – u. Jugendhilfe, dem Bildungswesen und dem Wächteramt

„Ein Schutzkonzept gibt Missbrauch keinen Raum."

Um Kinder und Jugendliche überall dort, wo sie sich aufhalten, vor sexuellem Missbrauch schützen zu können, muss man wissen, wie entgegenwirkt werden kann. In Fällen von Verdacht auf sexuellen Missbrauch ist die Kooperation unterschiedlicher Berufsgruppen und Institutionen dringend erforderlich. Nur durch eine kompetente und gut aufeinander abgestimmte Zusammenarbeit aller beteiligten Fachpersonen kann Kinderschutz bei sexuellem Missbrauch gelingen.

Warum sind Schutzkonzepte so wichtig? Wie sehen die Leitlinien eines gelingenden Schutzkonzepts aus? Welche Bestandteile haben Schutzkonzepte? Wie kann Schulsozialarbeit mit dem Wächteramt „Hand in Hand" arbeiten? Diese Fragen u. a. Fragen werden im Folgenden beantwortet:

Sexueller Kindesmissbrauch ist kein Versehen, sondern eine geplante und strategisch-organisierte Straftat. Von daher, es ist vonnöten ein Schutzkonzept zur Prävention in Einrichtungen auszuarbeiten, um Kinder und Jugendlichen geschützte (Lebens-)Räume anzubieten. Hierzu zählen: Schulen, Kitas, Kirchengemeinden, Internate, Sportvereine, stationäre Einrichtungen der Jugendhilfe, Krankenhäuser und andere Institutionen. Diese „Lebensräume" der Kinder müssen Bedingungen schaffen, die das Risiko senken, zum Tatort von sexueller Gewalt zu werden. Zudem sollen Mädchen und Jungen in den Institutionen Unterstützung und Hilfe durch professionelle Ansprechpersonen finden, wenn ihnen dort oder andernorts – beispielsweise im familiären Umfeld – sexueller Missbrauch angetan wird oder wurde.

8.1 Leitlinien eines gelingenden Schutzkonzeptes

Die Entwicklung und Umsetzung von Schutzkonzepten liegt in der Verantwortung der Leitung einer Institution. Meines Erachtens aber nicht allein! Denn Ihre Motivation und Ihre Mitwirkung ist ebenfalls wichtig, sich aktiv an dem Organisationsentwicklungsprozess zu beteiligen und Ihre spezifische Perspektive einzubringen! Auch Sie als Eltern, z. B. in Kitas „Elterninitiative", oder dem Zusammenschluss des Elternbeirats, können Ihre Mitwirkung deutlich zeigen. Nur, wenn sexueller Missbrauch als Verantwortung der gesamten Gesellschaft gesehen wird, wird es gelingen die Strukturen des Täters zu durchbrechen.

Grundsätzlich bildet die Basis eines Schutzkonzeptes die sogenannte *Risikoanalyse,* die verdeutlicht und offenlegt, wo die „verletzlichen" Stellen einer Institution, wie z. B. in Kitas, Schulen etc. liegen:

Hierfür ist es notwendig sich den Umgang mit Nähe und Distanz anzusehen, den baulichen Bereich zu überprüfen, oder das Einstellungsverfahren. Die Risikoanalyse verfolgt systematisch die Frage:

Welche Bedingungen vor Ort Täter und Täterinnen nutzen könnten, um sexuelle Gewalt vorzubereiten und zu verüben? Die Ergebnisse dieser Analyse zeigen, welche konzeptionellen und strukturellen Verbesserungen im Sinne des Kinderschutzes erforderlich sind. Häufig werden Mädchen und Jungen aus dem Schutzkonzept herausgeholt. Doch gerade im Rahmen der Risikoanalyse sollten Mädchen und Jungen Möglichkeiten beteiligt werden! Ihre Erfahrungen, Einschätzungen und Vorstellungen sind unverzichtbar, denn „Schutzkonzepte sind letztlich nur dann wirklich alltagstauglich, wenn sie mit denen besprochen werden, an die sie sich richten", heißt es im Abschlussbericht des Runden Tisches (vgl. Unabhängiger Beauftragter für Fragen des sexuellen Kindesmissbrauchs, 2021).

Welche Bestandteile müssen also gut ausgearbeitete Schutzkonzepte haben? Im Folgenden ein kompakter Überblick:

- Leitbild
- Verhaltenskodex
- Fortbildungen
- Erweitertes Führungszeugnis
- Partizipation
- Präventionsangebote
- Informationsangebote
- Beschwerdeverfahren
- Notfallplan
- Kooperation

8.2 Kooperation im Kinderschutz

Der Notfallplan enthält die Verpflichtung, in Verdachtsfällen von sexueller Kindesmisshandlung eine Fachberatungsstelle bei der Einschätzung und Entscheidungsfindung zum Vorgehen einzubeziehen.

Somit können Fehlentscheidungen und ein fehlerhaftes Vorgehen, das den Ruf der Einrichtung über das Kindeswohl stellt, verhindert werden (vgl. Unabhängiger Beauftragter für Fragen des sexuellen Kindesmissbrauchs, 2021).

8.2.1 Schule gegen sexuelle Gewalt

Johannes-Wilhelm Rörig, *Unabhängiger Beauftragter für Fragen des sexuellen Kindesmissbrauchs,* appelliert an alle Schulen, sich mit dem komplexe und sehr emotionalen Thema sexueller Kindesmissbrauch professionell auseinanderzusetzen. Mit der Initiative „Schule gegen sexuelle Gewalt" werden Schulleitungen und Kollegien aufgerufen, Konzepte zum Schutz vor sexueller Gewalt (weiter-) zu entwickeln, damit Kinderschutz im Schulalltag selbstverständlich wird und das Wohl eines jeden Kindes sichergestellt wird. Schulen können Kinder und Jugendliche wirksam schützen und ihnen helfen, unabhängig davon, ob sie sexuellen Kindesmissbrauch in der Familie, in der Schule, in der Freizeit oder über das Internet erleiden. Durch das Engagement im Sinne des Kindeswohls kann es schrittweise zu einem Rückgang der hohen (Dunkel-)Zahlen kommen. Wenn Sie auf ein standardisiertes Schutzkonzept gegen sexuellen Kindesmissbrauch hoffen, muss ich Sie enttäuschen. Denn ein standardisiertes Schutzkonzept gibt es nicht und wird nicht möglich sein. Jede Schule muss ihren ganz eigenen „Schutz"-Weg planen und gehen. Die Initiative *„Schule* *gegen sexuelle Gewalt*" gibt fachliche Unterstützung, um wichtige Schritte auf dem Weg der schulischen Prävention und Intervention zu gehen. Jeden Schritt, den Sie gehen, ist zum Schutz eines jeden Kindes. Vielleicht ist es jetzt an der Zeit Ihr aktuelles Schutzkonzept zu überdenken bzw. zu aktualisieren.

8.2.2 Schulsozialarbeit und Wächteramt

„Aktiver Kinderschutz geht uns alle was an!"

Gerade im Bereich des Kinderschutzes ist eine funktionierende Kooperation von Jugendhilfe und Schule von besonderer Bedeutung. Ich selbst, habe viele Jahre als Schulsozialarbeiterin gearbeitet und weiß wie wichtig die Kooperation mit dem „Wächteramt" ist, vor allem wenn es um den Schutz von Kindern geht. Für eine gelingende Kooperation zwischen dem Schulsozialarbeiter*in und dem „Wächteramt" ist es zwingend notwendig, dass die beiden Berufsgruppen „dieselbe Sprache" sprechen. Das bedeutet konkret, dass die Professionen der Schulsozialarbeit mit den Gesetzesgrundlagen des SGB VIII, BGB (hilfreich auch: FamFG, StGB), insbesondere dem **§ 8a SGB VIII** vertraut sind, um zu erkennen, wann eine Kindeswohlgefährdung angetroffen ist bzw. mit höchster Wahrscheinlichkeit eintritt. Zudem müssen die Professionen der Schulsozialarbeit die Anhaltspunkte einer möglichen Kindeswohlgefährdung kennen, diese den Lehrer*innen häufig aufgrund von Unwissenheit bzw. Zeitmangel unentdeckt bleiben.

Wenn z. B. ein Kind eine *spontane Aussage zum sexuellen Kindesmissbrauch* tätigt, muss der Schulsozialarbeiter genauso in der Lage sein, die Gesprächsführung zu beherrschen, wie auch der Mitarbeiter des Jugendamtes.

Der einzige Unterschied besteht darin, dass das Wächteramt weitere juristische Schritte bzw. Interventionen zum Schutze des Kindes einleiten muss (ggf. Inobhutnahme, gem. § 42 SGB VIII, Einleitung eines familiengerichtlichen Verfahrens, gem. § 1666 BGB u. a.).

Die Zusammenarbeit mit dem Schulsozialarbeiter und dem Wächteramt ist von großer Bedeutung, denn der „auserwählte" des betroffenen Kindes, ist für den weiteren Weg eine große Unterstützung, für das Kind, aber auch für die Professionen des Wächteramtes (Jugendamt). Es wurde im Vorfeld durch den Schulsozialarbeiter sorgfältig dokumentiert. Beobachtungen und Gesprächsnotizen wurde an das Jugendamt weitergeleitet. Somit muss es ggf. zu keiner weiteren Befragung mehr mit dem betroffenen Kind kommen, wenn der Schulsozialarbeiter bereits im Vorfeld gründlich gearbeitet hat. Bereits hier können sich Fehler einschleichen, wenn der Schulsozialarbeiter bei einem „spontanen Gespräch" mit dem Kind suggestive Fragen einsetzt oder das Kind aufgrund von instabilen und unprofessionellen Emotionen das betroffene Kind stark verunsichert und somit das Kind den Entschluss trifft, sich zu verschließen. Was dann geschieht, können Sie sich sicher ausmalen. Der sexuelle Kindesmissbrauch wird fortgeführt. Das Fehlverhalten der Professionen könnte durch das Wächteramt weiter erfolgen und somit hat der Fall kaum noch Chance in die Richtung des Kindeswohls gerückt zu werden. Die fatalen Folgen habe ich bereits erwähnt. *Was ist also zu tun?*

Sie müssen jederzeit damit rechnen, dass ein Mädchen oder ein Junge spontan vom sexuellen Kindesmissbrauch berichtet. Eignen Sie sich heute noch die Grundsätze der Gesprächsführung im Kontext sexueller Kindesmissbrauch, an. Im Anschluss des Gesprächs rufen Sie umgehend das Jugendamt an und schildern Sie die Situation. Je nachdem dürfen Sie, dass Kind nicht wieder nach Hause schicken. Klären Sie mit dem Jugendamt, welche weiteren Schritte erfolgen müssen – zum Schutz des Kindes, das vielleicht gerade vor Ihrer Tür steht. Das Wächteramt wird alles Notwendige veranlassen, damit das Kind geschützt wird. Wenn der/die Schulsozialarbeiter*in die notwendigen professionellen Eigenschaften und Haltungen innehat, das Schutzkonzept der Institution befolgt, wird eine Kooperation zwischen dem Wächteramt und der Schule, bzw. dem/der Schulsozialarbeiter*in gelingen. Sie dürfen nur die Augen nicht verschließen. Beantworten Sie bitte folgende Frage:

> Wie lange ist es her, dass Sie Eltern, aber auch LehrerInnen zum Thema sexuellen Kindesmissbrauch aufgeklärt haben? Gehört dies zu Ihren Aufgaben? Dann machen Sie es zu Ihrer! Nutzen Sie die Zusammenarbeit mit dem Jugendamt: Laden Sie Ihre Kolleg*innen des Jugendamtes ein, um LehrerInnen zum Thema sexuellen Kindesmissbrauch professionell aufzustellen. Wie geht das Jugendamt mit einem Verdacht auf sexuellen Kindesmissbrauch um? Welche Wege wird das Jugendamt einleiten? Ist Ihren Kolleg*innen der Schule bewusst, dass Sie jederzeit von einem betroffenen Kind „auserwählt" werden könnten? Was dann?

9

Wie können Eltern ihre Kinder präventiv davor schützen, Opfer – aber auch Täter zu werden?

„Kinder gehören nicht ihren Eltern – sie gehören zu ihnen."

In einer von mir geleiteten Fortbildung zum Thema *sexueller Missbrauch an Kindern und Jugendlichen*, erkundigte sich eine Kollegin wie sie als Mutter ihre Kinder präventiv davor schützen könnte Opfer sexuellen Missbrauchs zu werden. Ich schaute etwas irritiert, da als „eigentliche Fachkraft", sie es genau wissen müsste. Allerdings wurde mir somit höchst deutlich, dass selbst erfahrende Professionen Angst und Bange haben, dass ihr geliebtes Kind in die „Fänge" eines Täters oder einer Täterin geraten könnte oder sogar vielleicht ist. Somit befasste ich mich intensiv mit der Fragestellung: *„Wie können Eltern ihre Kinder präventiv davor schützen, Opfer – aber auch Täter zu werden?"*. Welche ich Ihnen im Folgenden beantworten möchte.

Grundsätzlich gilt, dass das *Elternrecht* ein sogenanntes *Pflichtrecht* ist. Dabei ist das Wohl des Kindes ein Grundanliegen. Wenn wir uns den Artikel 5 der UN-Kinderrechtskonvention ansehen, beinhaltet dieser, dass Eltern das Recht und die Pflicht haben, Verantwortung für das Kind zu tragen. Das bedeutet, *„das Kind bei der Ausübung (seiner) anerkannten Rechte in einer seiner Entwicklung entsprechenden Weise angemessen zu leiten und zu führen"*. Wo findet das Elternrecht seine Grenze? Wenn Eltern versagen, ihre Pflichten nicht nachgehen können – *im Sinne des Kindeswohls* – ihr Recht missbrauchen oder das Kind pflichtvergessen vernachlässigen, kann und muss der Staat zugunsten des Kindes eingreifen und sein sogenanntes *staatliches Wächteramt* (§ 1 SGB VIII) wahrnehmen. Kindeswohl geht vor Elternrecht.

Vor allem im Thema der präventiven Sexualerziehung und Aufklärung, scheinen Eltern, aber auch Fachkräfte häufig vor einer großen Herausforderung zu stehen.

Doch wie soll eine kindeswohlorientierte, erzieherische Leitung und Führung bei der Sexualerziehung möglich sein, wenn bei Ihnen gewisse „Blockaden" bestehen und Sie durch Ihre eigene Brille der schon erfolgten Sexualisation und Sexualerziehung schauen? Hier beginnt möglicherweise die Tabuisierung der enorm wichtigen Thematik. Bei der Sexualerziehung ist es von zentraler Bedeutung, sich bewusst zu machen, dass sich die kindliche Sexualität in grundlegender Hinsicht von erwachsener Sexualität unterscheidet (vgl. Wanzeck-Sielert, 2008, S. 363). Nach Freuds, in wesentlichen Aspekten noch gültigen Theorie, der psychosexuellen Entwicklung durchlaufen Kinder im *1. Lebensjahr die orale Phase* (der Mund als Lustorgan), im *2. Lebensjahr die anale Phase* (Lustquelle Analzone), im *3. bis 5. Lebensjahr die phallisch – genitalen Phase* (der Entdeckung von Scheide und Penis). In der mittleren Kindheit ist Verliebt sein in den meist gleichgeschlechtlichen, gleichaltrigen Freundeskreisen oftmals ein Thema. Schamgefühle, sexuelle Fantasien, Interesse an sexuellem Wissen und mediale Einflüsse werden für diese Altersgruppe bedeutsamer. In der Pubertät gewinnen schließlich dann diese Themen durch die vielfältigen und tiefgreifenden körperlichen, sozialen und psychischen Veränderungen dieser Entwicklungsphase an Relevanz und Brisanz (vgl. Pohling, 2015).

Eltern müssen die Fähigkeit besitzen, über Sexualität zu sprechen, denn dies ist die unabdingbaren Grundvoraussetzungen für alle sexualpädagogischen Bemühungen. Sagen Sie nicht „da unten", wenn das Kind auf seinen Penis und die Scheide zeigt und Sie erwartungsvoll ansieht, was „das" denn da ist. Liebevolle, individuelle und für alle angenehm klingende Begriffe für Scheide z. B. „Pipinella" oder „Pipimann" zu finden, ist eine der ersten und wichtigsten Aufgaben für Sie als Eltern im Rahmen der Sexualerziehung. *Was bewirken Sie hiermit im Kontext Prävention von sexueller Gewalt?* Sie können davon ausgehen, dass Ihr Kind gelernt hat mit angemessenen Begriffe mit erwachsenen Bezugspersonen über Sexualität zu sprechen. Ihr Kind findet Worte, im Fall eines sexuellen Missbrauchs eher in der Lage ist, einen Vorfall als Missbrauch zu erkennen, sich einer Vertrauensperson mitzuteilen und damit Hilfestellung zu erhalten. Kinder, die nicht gelernt haben „darüber" zu sprechen, werden dem *Geheimhaltungsgebot der Täter*in* eher entsprechen, weil diese Kinder nicht gelernt haben, sich in sexueller Hinsicht auszudrücken.

Eine gute *Sexualerziehung* bzw. Aufklärung ist der beste Schutz vor sexuellem Kindesmissbrauch. Ein weiterer bedeutsamer Grundstein gesunder Sexualerziehung ist das Beantworten von Kinderfragen zur Sexualität. Merken Sie sich, dass es dabei nicht darum geht, die perfekte Antwort aus „dem Ärmel zu schütten".

Haben Sie nicht die Hoffnung, dass bei einer einmaligen Kindesfrage das Thema vom „Tisch" ist. Bei der Sexualerziehung handelt es sich um stetige Lernprozesse. Vielmehr ist es wichtig, kurze, klare und möglichst einfache Antworten zu geben. Fragt das Kind weiter, können Sie weitere Detailinformationen einbringen. An dieser Stelle möchte ich auf die häufige Verunsicherung **„Doktorspiele"** und **kindliche Selbstbefriedigung** eingehen. Es besteht die Einstimmigkeit, dass sowohl „Doktorspiele" zur Erkundung des eigenen Körpers, aber auch fremder Kinderkörper als auch kindliche Selbstbefriedigung unterschiedliche Funktionen erfüllen und als normale gesunde Ausdrucksformen kindlicher Sexualität, erlaubt sein sollte. Begleitende Erwachsene müssen feste Regeln festlegen und deren Einhaltung strengstens überprüfen, z. B. dürfen keine Gegenstände in die Körperöffnungen eingeführt werden. Zudem sollten Sie die kindliche Selbstbefriedigung als positive und lustvolle Verhaltensweise eines Kindes betrachtet werden. Dies bedeutet jedoch nicht, dass die kindliche Selbstbefriedigung immer und überall erlaubt werden muss. Auch hier ist der Umgang mit Schamgefühlen und Grenzen wichtiger Bestandteil einer gesunden Sexualerziehung. Weisen Sie das Kind darauf hin, dass Selbstbefriedigung absolut in Ordnung ist, dass es allerdings anderen Menschen peinlich und sehr unangenehm sein kann, dies zu sehen und dass „es" im Kinderzimmer gemacht werden darf.

> „Eltern tragen die Verantwortung für den Schutz ihres Kinder
> vor sexueller Gewalt! Kein Kind kann sich alleine schützen."

Ein weiter wichtiger Aspekt ist es ergänzend zu einer gesunden Sexualerziehung, Ihr geliebtes Kind von Anfang an „stark und widerstandsfähig" gegen sexuellen Kindesmissbrauch zu machen.

Wie können wir beginnen? Eltern müssen Ihren Kindern vermitteln, dass es wichtig ist „Nein-Gefühle" auszusprechen. Zahlreiche Kinder fragte ich, warum es wichtig ist, Nein zu sagen, wenn sie ein Gefühl von „Nein" haben. Die Antwort der Kinder haben mich sehr verblüfft und gleichzeitig sehr erfreut. *„Weil sonst das schlechte Gefühl bleibt, dann habe ich Bauchschmerzen, weil ich es nicht gesagt habe."* Ein anderes Kind gab die Rückmeldung: *„Dann weiß doch keiner, wie ich mich fühle."*

Wiederum ein anderes Kind erklärte: *„Dann kann ich nicht schlafen und ich muss immer daran denken und kann mich nicht konzentrieren."* Dabei brauchen Sie sich keine Sorgen zu machen, dass es plötzlich alltägliche Notwendigkeit wie Zähneputzen, Hausaufgaben etc. verneint.

Ihr Kind kann sehr wohl zwischen den notwendigen Regeln unterscheiden, und Situationen, in denen ein „Nein!" wichtig ist. Kinder haben, wie auch Sie, das Recht, über ihren Körper zu bestimmen. Respektieren Sie es, wenn Ihr geliebtes Kind körperliche Nähe oder Berührungen nicht mag oder ihre Hand wegzieht, wenn Sie meinen, es gerade liebevoll an Fuß zu streicheln, weil dieser noch so „süß" ist. Genießen Sie mit Ihren Kindern liebevolle Zärtlichkeiten, aber achten Sie genau darauf, ob und was Ihr Kind mag, und was nicht. Auch wenn es der Begrüßungskuss der Oma, oder der Tante ist, muss unterbleiben, wenn das Kind nicht geküsst werden will. Finden Sie eine richtige Erklärung gegenüber Ihrer eigenen Mutter, oder Ihrer Schwester, damit sie dies verstehen und zukünftig berücksichtigen können. Sätze wie: „Geh doch zur Oma und gib ihr mal einen richtig dicken Kuss!", sind absolut fatal und füttern die Strategien des/der möglichen Täters/Täterin.

Prävention von sexuellem Kindesmissbrauch muss ein integraler Bestandteil der gesamten Erziehung jedes Entwicklungsalter sein. Kinder, deren Unabhängigkeit und das Selbstwertgefühl gestärkt ist und kontinuierlich wird, werden für die Täter und Täterinnen nahezu „unsichtbar". Denn selbstbewusste und durchsetzungsstarke Kinder sind keine geeigneten Opfer. Diese Kinder besitzen die Kraft, sich selbst zu schützen und/oder trauen sich, nach einem Übergriff schneller Hilfe zu holen.

Den Selbstwert Ihres geliebten Kindes können Sie schützen, indem Sie Ihr Kind bedingungslos lieben und es so akzeptiere, wie es ist. Ein Beispiel: Wenn sich Ihr Kind „daneben" benommen hat, sagen Sie: *„Ich liebe dich über alles, aber dein Verhalten war gerade absolut katastrophal. Wir werfen mit dem Messer nicht rum!"* Somit kränken Sie nicht das Kind, sondern geben ihm zu verstehen, dass das Verhalten nicht angebracht war und nicht das Kind selbst. Mit diesen oder ähnlichen Aussagen, wird das Selbstwertgefühl nicht abbröckeln, da Sie als Eltern auf das Verhalten eingehen und nicht auf das eigene „Sein" und die Liebe zum Kind. Ebenso wichtig ist es, die Kinder über ihre Rechte aufzuklären. Kein Mädchen und kein Junge muss es sich gefallen lassen, angefasst bzw. sexuell belästigt zu werden.

9.1 Erziehungsstrategien gegen Täterstrategien

„Wenn du sagst, ich soll nicht fragen,
soll mich nichts zu sagen wagen,
sagt mir mein Gefühl im Magen,
ich werd's trotzdem weitersagen."
(Gisela Braun).

Erziehungsstrategien geben Schutz vor den typischen Täterstrategien. Üben Sie dies mit Ihrem Kind, um es „stark" zu machen!

- Mein Körper gehört mir, nur mir allein: Lassen Sie Ihre Kinder so weit wie möglich mitbestimmen, was ihren Körper betrifft, z. B. Essen, Kleidung, Frisur.
- Ich darf *Nein* sagen: Wie bereits erwähnt müssen Kinder die Erfahrung machen, dass es nicht schlimm ist, wenn sie etwas ablehnen und selbstbestimmt versuchen, das „Problem" zu lösen. Zwar kann das kindliche „Nein-Gefühl" nicht immer durchgesetzt werden. Aber eine freie Meinungsäußerung gehört zum Kinderrecht.
- Meine Gefühle sind wichtig: Unterstützen Sie ihr Kind darin, dass das Kind Vertrauen in die eigenen Gefühle im Umgang mit Menschen hat. Denn dies ist der entscheidende Selbstschutz. Erwachsenwerden bedeutet nicht Überwindung der eigenen Gefühle, sondern Bewusstwerden und Benennen all der verschiedenen, auch gemischten und widersprüchlichen Gefühle.
- Ziel ist das Erkennen und Respektieren der eigenen Gefühle und auch der von anderen. Eltern müssen die Gefühle Ihrer Kinder, auch wenn sie für uns Erwachsene noch so nichtig erscheinen, ernst genommen werden und nicht kleingeredet werden!
- Ich entscheide, welche Berührung ich haben mag: Alle Kinder brauchen liebevolle Zuneigung und Zärtlichkeit. Aber häufig werden sie selbstverständlich ungefragt berührt. Es liegt in Ihrer Verantwortung, solche ungewollten Berührungen zu verhindern. Eltern müssen Ihre Kinder in Schutz zu nehmen, wenn sie (auch gut gemeinte) Umarmungen und Küsse von Verwandten und Bekannten ablehnen. Hier sind Sie als Eltern gefragt, auch wenn es sich um Ihre Familie

handelt. Denn da fängt es sonst schon an, dass Kinder ihre eigenen Grenzen nicht ernst nehmen dürfen! Sie verweilen in dem Gefühl, diese „Kuscheleinheiten" ertragen zu müssen, obwohl Sie nach Ihrer Unterstützung rufen – manchmal leise. Kinder und Jugendliche haben das Recht, über ihren Körper selbst zu bestimmen, zu entscheiden, wer sie wann, wie und wo berühren darf. Im Umgang mit Kindern es ist von enormer Wichtigkeit, ein Klima zu schaffen, in dem die Heranwachsenden erleben, dass ihr Körper einzigartig und schützenswert ist und als solcher wertgeschätzt wird. Es gibt viele verschiedene Berührungen, die angenehme, unangenehme, komische Gefühle auslösen, die Kinder an sich sehr gut unterscheiden können, dies bereits im Säuglingsalter. Sie haben die Verantwortung, das Kind in ihrer Wahrnehmung dieser Unterschiede zu bestärken, denn bei Übergriffen spielen gerade die „komischen" Berührungen, die verwirren, eine zentrale Rolle.

- Erklären Sie Ihrem Kind, dass es gute und schlechte Geheimnisse gibt. Vermitteln Sie Ihrem Kind ausdrücklich, aber ruhig, dass es kein Geheimnis behalten muss, wenn es ihm Kummer macht. Gute Geheimnisse machen Freude, wie ein Überraschungsgeschenk für Mama vorzubereiten. Wenn ein Geheimnis jedoch Kummer bringt, darf man das weitererzählen. Erläutern Sie Ihrem Kind, dass dies kein Petzen, sondern Hilfe holen ist.
- Ich darf mir Hilfe holen: Machen Sie Ihrem Kind deutlich: „Du darfst dir Hilfe holen!" Dieser Grundsatz kann in vielen Alltagssituationen eingeübt werden. Es ist wichtig, Kindern zu zeigen, dass Hilfe holen und annehmen keine Schande ist. Die meisten Kinder halten Mütter, Väter, die Großeltern oder Geschwister für die ersten Ansprechpartner beim Kummer. Wenn

allerdings ein Familienmitglied Täter*in ist, brauchen Kinder unbedingt Vertrauenspersonen außerhalb der Familie, wie z. B. Eltern von Freunden/Freundinnen, Lehrkräfte, Erzieher*innen oder eine Rufnummer, um sich Hilfe zu holen. Bedenken Sie als Eltern, dass auch Sie hier eine Vorbildfunktion haben. Sie müssen nicht immer alles alleine machen. Wenn Ihr Kind erlebt, dass Sie sich Hilfe holen, wird Ihrem Kind dies leichter fallen.
- „Wenn Jemand etwas Schlimmes mit mir macht: Ich bin nicht schuld!": Verdeutlichen Sie dem Kind, dass die Verantwortung immer beim Erwachsenen liegt – niemals beim Kind!

10

Hilfen für betroffene Kinder, besorgte Eltern und Fachkräfte

10.1 Hilfsangebote für Kinder und Jugendliche

„Sprich darüber, damit es dir besser geht. Bleib niemals allein!"

Tagtäglich wird Kindern und Jugendlichen in unserem ganzen Land unfassbares Leid angetan.

Sie brauchen Hilfsangebote und Unterstützung. Die Bundesregierung ist seit Jahren engagiert, um Kinder und Jugendliche besser und gezielter vor sexueller Gewalt jeglicher Art zu schützen. Doch welche Anlaufstellen gibt es konkret, an die sich betroffene Kinder und Jugendliche, besorgte Eltern, aber auch Fachkräfte wenden können? Bitte bedenken Sie, der erste Schritt ist immer der schwierigste, aber der allerwichtigste. Wenn dieser erstmal gegangen ist, dann wird alles Weitere leicht, weil

„Du", liebes Kind bzw. „Sie", nicht mehr alleine sind. Denn wenn es schon „zwei" wissen, ist „es" kein Geheimnis mehr.

Sexuelle Gewalt ist für tausende Kinder in Deutschland leider alltäglich. Nur wenige Täter und Täterinnen sind den betroffenen Kindern oder Jugendlichen wirklich fremd. Häufig fragen sich Eltern, ob eine Heilung Ihres Kindes überhaupt möglich ist, nach all dem Leid, was das Kind erleben musste. Allerdings möchte ich Sie an dieser Stelle beruhigen. Jeder Mensch, der es aus tiefstem Herzen möchte, wird Heilung erleben. Selbstzweifel, Tränen der Hoffnungslosigkeit und der Wut, bis hin zum Zorn, Unverständnis, und vor allem Gefühle des Hasses, werden die „Überlebenden" erfahren müssen, um das „Geheimnis" loslassen zu können. Wer die Kraft aufbringt, das Erlebte einzugestehen und sein „Geheimnis" aufbricht, beginnt den Heilungsprozess. Die Seele kann vielleicht nur einen gewissen Zeitraum die schmerzhaften Gefühle verdrängen. Doch sie werden aufbrechen und das mit voller Wucht. Sich Hilfe zu suchen ist kein Zeichen von Schwäche, eher von Stärke. Im Fall eines sexuellen Missbrauchs sogar eine überlebensnotwendige Erkenntnis. Es ist ein Zeichen von Stärke, zu spüren und zu wissen, dass diese verhängnisvolle Situation nicht alleine zu lösen ist. Es gibt viele unterschiedliche Wege und Anlaufstellen, um sich Hilfe zu holen. In diesem Zusammenhang möchte ich auf folgende Hilfsangebote für Kinder und Jugendliche hinweisen:

- *Örtliche Beratungsstellen für Mädchen* (z. B. Mädchenberatungsstelle, Bergisch Gladbach, Tel. 02202-9891155)
- *Das örtliche Jugendamt*
- *Wildwasser e. V.* (z. B. Wildwasser Arbeitsgemeinschaft gegen sexuellen Missbrauch an Mädchen e. V.)

Wriezener Straße 10-11, 13359 Berlin (Petersburger Str. 31, 10249 Berlin, Tel:030/282 44 27, Fax:030/284 84 915, maedchenberatung@wildwasser-berlin.de)
- *Hilfetelefon des Unabhängigen Beauftragten: Hilfe-Telefon Sexueller Missbrauch:*
- 0800-22 55 530 (kostenfrei und anonym).
- *Lieber schreiben als reden?* Online-Beratung: https://www.hilfe-telefon-missbrauch.online/
- *Die Nummer gegen Kummer:* Kinder- und Jugendtelefon 116 111 (kostenfrei und anonym).
- *Zartbitter e. V.:* (www.zartbitter.de) Die Kontakt- und Informationsstelle ist überregional vertreten und auf dem Themengebiet hochgradig spezialisiert.
- *N.I.N.A. e. V.:* Netzwerk und Anlaufstelle zu sexueller Gewalt an Mädchen und Jungen
- (https://nina-info.de/hilfe-telefon/fuer-betroffene).

10.2 Hilfs- und Beratungsangebote für Eltern und das soziale Umfeld

Liebe Eltern und Angehörige, auch Sie können sich an die o.g. Anlaufstellen wenden, wenn Sie einen Verdacht haben und dabei muss es nicht zwingend um Ihr eigenes Kind gehen. Grundsätzlich sind Eltern dazu verpflichtet, im Missbrauchsfall Hilfe zu leisten. Wer von sexueller Gewalt betroffen ist, sich um ein Kind sorgt, einen Verdacht oder ein komisches Gefühl hat oder sich unsicher ist und Fragen zum Thema stellen möchte, kann sich ebenfalls vertrauensvoll an das *Hilfe-Telefon sexueller Missbrauch* wenden. Es ist eine Anlaufstelle für Betroffene von sexueller Gewalt in Kindheit und Jugend, für Angehörige als auch Personen aus dem sozialen Umfeld von Kindern, für Fachkräfte und für alle Interessierten. Die pädagogischen und psychologischen Berater*innen unterstützen vertrauens-und verständnisvoll bei allen Fragen zum Thema kostenlos und anonym. Außerdem zeigen sie Möglichkeiten der Hilfe und Unterstützung vor Ort auf. Sie erreichen das Hilfe-Telefon unter der Nummer *0800 22 55 530* oder auch online (https://beauftragter-missbrauch.de/hilfe/hilfetelefon).

Darüber hinaus bietet *„Der Weisse Ring e. V."* (https://weisser-ring.de/), der überall in Deutschland Menschen hilft, die Opfer von Kriminalität und Gewalt geworden sind. Zudem kümmert er sich um die Angehörigen. *„Der Weisse Ring" hilft mit Fachwissen* (Einbindung von Anwälten, therapeutische Anbindung, Zahlungen aus dem Opferentschädigungsgesetz, psychosoziale Prozessbegleitung, Klärung: Strafanzeige, ja oder nein? etc.).

Liebe Eltern, ich möchte Sie darauf hinweisen, dass Sie auch das örtliche Jugendamt vor Ort um Hilfe bitten können. Auch, wenn Ihnen noch so mulmig zumute ist. Die wichtigen Anlaufstellen sind dem „Wächteramt" vertraut. Das große Netzwerk zwischen dem Jugendamt und den Anlaufstellen existiert bereits seit vielen Jahren. Der professionelle Umgang mit hiesigen Stellen sind alltägliche Aufgaben aller Institutionen. Das Jugendamt kann Sie zudem darin unterstützen, die derzeitige familiäre Situation „neu" zu sortieren. Vielleicht brauchen Sie Unterstützung im häuslichen Rahmen? Vielleicht besteht die Notwendigkeit, dass Sie eine anderweitige „Notfallbetreuung" für Ihr Kind brauchen. Was ist mit den Geschwisterkindern? Diese und ähnliche Fragen können Sie mit dem Jugendamt klären. Auch das Jugendamt hilft dort, wo Sie vermuten, dass es keinen Ausweg mehr gebe.

10.3 Beratungsangebote für Fachkräfte

Liebe Fachkräfte, in erster Linie bitte ich Sie kurz in sich zu gehen. Glauben Sie, dass Ihr berufliches Netzwerk weitreichend ist, um Kinder und Jugendliche bei einem möglichen Verdacht zu unterstützen? Ist Ihnen bewusst, was Ihre eigene Aufgabe im Verdachtsfall bzw. im Rahmen der Aufdeckung ist? Würden Sie ein betroffenes Kind nach einer spontanen Aussage, sofort an die o.g. Anlaufstellen schicken, mit dem Gefühl, dass das Kind in diesen Institutionen niemals erscheinen wird, weil das betroffene Kind, gerade Sie „auserwählt" hat? Denken Sie bitte darüber nach.

Professionen, die mit Kindern und Jugendlichen arbeiten, wie Erzieher*innen, Lehrkräfte, Schulsozialarbeiter*innen und auch Beratungsfachkräfte, sollten sich bei der Einschätzung von Anhaltspunkten einer möglichen Kindeswohlgefährdung (gem. § 8a SGB VIII) dringend Unterstützung suchen. Meistens ist eine Einschätzung anhand von sichtbaren Merkmalen nicht eindeutig. Dies gilt vor allem für den Verdacht auf sexuellen Kindesmissbrauch. Ich appelliere an dieser Stelle an alle Fachkräfte, die beruflich in Kontakt mit Kindern und/oder Jugendlichen stehen, den Anspruch auf Beratung (gem. § 8b SGB VIII) durch eine insoweit erfahrene Fachkraft geltend zu machen. Die Regelungen, welche Professionen jeweils für welche Institutionen in der Funktion als *insoweit erfahrene Fachkraft* arbeiten, sind bundesweit und regional unterschiedlich.

Allerdings sind Psychologen und Sozialpädagogen aus Erziehungs- und Familienberatungsstellen sehr häufig durch das örtliche Jugendamt mit dieser zusätzlichen fachlichen Aufgabe beauftragt worden. Die *insoweit erfahrene*

Fachkraft, gem. § 8b SGB VIII, berät die Fachkräfte welche (weiteren) Handlungsschritte notwendig sind, z. B. ob und wie die Personensorgeberechtigten mit einbezogen werden.

Darüber hinaus geben sie Informationen über Hilfsangebote, unterstützen die Vorbereitung von schwierigen Gesprächen und gewährleisten eine fachliche Einschätzung von Entwicklungsauffälligkeiten des Kindes. Zudem vermitteln die Fachkräfte gem. 8a SGB VIII, Grundhaltungen zum Umgang mit Verdachtsfällen auf sexuellen Kindesmissbrauch. Des Weiteren unterstützen sie die Professionen bei der Einschätzung einer möglichen Kindeswohlgefährdung und empfehlen, das Jugendamt miteinzubeziehen, um Hilfen gem. § 27 ff. SGB VIII (Hilfe zur Erziehung) zu installieren oder gehen in Klärung ob eine Gefährdungsmeldung gem. § 8a SGB VIII veranlasst werden muss. Darüber hinaus können sich Fachkräfte ebenfalls an die o. g. Anlaufstellen wenden, um bei einem Verdacht im Sinne des Kindeswohls vorzugehen (z. B. *Zartbitter e. V., Der Weisse Ring, etc.).*

Zu guter Letzt möchte ich dahingehend motivieren selbst *Experte auf diesem Themengebiet des sexuellen Kindesmissbrauchs* zu werden. Die Landesregierung erhöhte Mittel für spezialisierte Beratung bei sexualisierter Gewalt an Kindern und Jugendlichen um 5,1 Mio. EUR.

Der Kampf gegen sexualisierte Gewalt an Kindern und Jugendlichen ist ein zentrales Anliegen der Landesregierung. Die finanzielle Förderung von aktuell 3,6 Mio. EUR soll auf 8,7 Mio. EUR mehr als verdoppelt werden. Somit kann die Zahl der Fachkraftstellen in der Landesgeförderten spezialisierten Beratung insgesamt von 40 auf 150 erhöht werden. Nutzen Sie die aktuellen Gegebenheiten, um Kinder und Jugendliche vor sexuellem Kindesmissbrauch zu schützen (vgl. Ministerium für Kinder, Familie, Flüchtlinge und Integration des Landes NRW, 2021).

11

Kindern richtig zuhören

„Als Kinder lernen wir sprechen,
als Erwachsene sollten wir lernen zuzuhören."
(Franziska Friedl)

Lieber Leser, liebe Leserin. Vor allem in der heutigen Zeit sind wir dermaßen mit äußeren Faktoren, der politischen und gesundheitlichen Lage, als auch mit den eigenen persönlichen Problemen vernebelt, dass wir kaum noch merken, dass unser Alltag sich eigentlich nur noch um das Überstehen der stressigen Woche dreht. Am Wochenende hoffen wir dann auf die eigene „Auszeit" und verlieren uns in den sozialen Netzwerken, wie Instagram und Facebook, oder vor dem Fernseher. Während wir uns einen warmen Tee zubereitet haben, stellt das Kind den Hocker vor die Küchenzeile und möchte *eigentlich* nur mithelfen. Das Kind zappelt hin und her, kippt dabei ein Glas Wasser um und räumt die ganze Schublade aus, um nach „dieser einen" Gabel zu suchen.

Gerade in diesen Momenten verlieren wir die Wahrnehmung für die kindlichen Bedürfnisse und Neugierde und sagen mit fast „gemeiner" Stimme, dass es spielen gehen soll. Allerdings wurde die versteckte Botschaft völlig übersehen. Das Kind tobt und schreit und fühlt sich missverstanden, weil es dem 2,5-Jährigen noch an Worten fehlt. Wenn dann Oma oder Opa anrufen, um das Kind abzuholen, scheinen wir vielleicht sogar dankbar zu sein, denn endlich ist wieder *„Zeit für mich"* da. Bestenfalls handeln wir mit unseren eigenen Eltern aus, dass das Kind noch über Nacht bleibt – vielleicht sogar gegen den Willen des Kindes. Es ist doch Oma oder Opa, *die man lieb haben muss* und wenn nicht, dann sorgt man eben dafür…

Sicher werden Ihnen diese, oder ähnliche Situationen bekannt vorkommen. Ich beschreibe diese Situationen so provokant, da es mir eine Herzensangelegenheit ist, sich mit Ihrem derzeitigen Alltag auseinanderzusetzen. Überprüfen Sie, ob Sie Ihrem geliebten Kind wirklich zuhören. Bereits einem 2-jährigen Kind können Sie zweifellos zuhören. Es kennt bereits Wörter, wie „schön" oder „traurig". Wenn Sie jeden Abend mit Ihrem Kind Zeit einräumen, um den Tag zu reflektieren, werden Sie umgehend erleben, dass Ihr Kind richtig Freude dabei haben wird, wenn es über seine Erlebnisse und Gefühle sprechen kann.

Hierfür ist es Notwendigkeit, dass Sie Ihre Arbeit beenden, mit der Sie gerade beschäftigt sind.

Sie signalisieren bereits durch Ihre Körperhaltung, dass Sie aktiv zuhören.

Vielleicht müssen Sie sich herunterbeugen, um mit Ihrem Kind auf Augenhöhe zu sein oder setzen Sie sich neben Ihr Kind. Schenken Sie Ihrem Kind die vollständige Aufmerksamkeit. Impulsanstöße können z. B. sein: *„Erzähl mal." „Wie war es heute im Kindergarten?" „Was hast du* *heute schönes erlebt?" "Was hat dir heute besonders gut geschmeckt?" "Gab es etwas, was dir Sorgen bereitet hat?"* etc. Sie, als Eltern tragen Verantwortung für das *Immunsystem der kindlichen Seele* (Resilienz).

Wenn Sie Ihrem Kind das Gefühl geben, geschätzt und willkommen zu sein, Ihrem Kind aktiv zuhören, Sie Ihr Kind so annehmen wird es wirklich ist, nicht wie Sie Ihr Kind haben wollen, und bestenfalls „funktioniert", werden Sie mit Ihrem Kind für immer verbunden sein. Gesunde Kinder erfahren Rückhalt und Unterstützung und somit wird es unseren „Sternen dieser Zeit" gelingen, mit schwierigen Lebensmomenten fertig zu werden. Ich wünsche Ihnen heute Abend noch, eine umwerfende Zeit mit Ihrem Kind, in dem es Ihnen zeigt, wie wichtig es ist, dass Sie Ihrer Tochter, oder Ihrem Sohn zugehört haben. Dann Ritualisieren Sie das aktive Zuhören.

Der beste Zeitpunkt ist meistens kurz vor dem Schlafengehen. Somit stellen Sie auch sicher, dass Ihr Kind nicht mit „Kummer" ins Bett gehen muss. Wenn das Kind etwas Fröhliches zu erzählen hat, wird es Sie sofort anstecken. Nehmen Sie sich die Zeit für den Kummer und die Freuden Ihres Kindes – auch wenn es „still" erscheint. Das Schlimmste, was Ihnen geschehen kann, ist, dass das Kind bereits verinnerlicht hat *„immer zu stören"* und somit sich einen Automatismus erlernt hat, sich kontinuierlich lieber selbst zu beschäftigen, als seinen geliebten Eltern *„auf die Nerven"* zu gehen. Durch die ständige Abweisung, leidet das Kind vielleicht zunächst *laut*, dann aber innerlich *still* vor sich hin und füllt seine Kinderseele mit dem Gefühl „des nicht geliebt werden". Sobald Ihr Kind z. B. inne hat, dass Ihr Handy vermeintlich wichtiger erscheint, als das aktive Zuhören oder Spielen mit dem Kind, wird es schwierig werden, dass das Kind jemals mit einem Anliegen zu Ihnen kommen wird. Ihr Kind lernt bereits im Kleinkind alter, ob es Ihnen vertrauensvoll alles erzählen kann, weil Sie Zeit haben und ihm die volle Aufmerksamkeit geben oder Sie mit Unlust und Erschöpfung durch den Tag gehen. Wollen Sie das wirklich riskieren? An dieser Stelle lade ich Sie dazu sein, mir gerne eine Nachricht zu vermitteln, wie Sie die Gespräche mit Ihrem Kind erleben oder wo Sie vielleicht noch Unterstützung benötigen. Ich wünsche Ihnen vom ganzen Herzen, dass Ihr Kind eines Tages als Erwachsener zu Ihnen sagen kann: *„Danke für deine Liebe."*

Sterne streuen

> „An die Hand dich nehmen, an die du uns gegeben bist,
> begleiten die noch kleinen Schritte…
> …achtsam dir zur Seite stehen und Sterne dir streuen
> auf glücklichen,
> leuchtenden Lebensweg."
> Ruth W. Lingenfelser.

Abkürzungsverzeichnis

Abb.	Abbildung
Art.	Artikel
Aufl.	Auflage
Bd.	Band
BGB	Bürgerliches Gesetzbuch
bzw.	beziehungsweise
et al.	yund andere
etc.	et cetera (etc.) (lat.: „und so weiter")
FGG	Gesetz über die Angelegenheiten der freiwilligen Gerichtsbarkeit
Hrsg.	Herausgeber
Jh.	Jahrhundert
PKS	Polizeiliche Kriminalstatistik
S.	Seite
SGB VIII	Sozialgesetzbuch VIII
StGB	Strafgesetzbuch
u. a.	unter anderem
usw.	und so weiter

u. v. m.	und vieles mehr
u. U.	unter Umständen
vgl.	vergleiche
z. B.	zum Beispiel
z. T.	zum Teil
zit. n.	zitiert nach

Literatur

Aries, P. (1975). *Geschichte der Kindheit*. Deutscher Taschenbuch Verlag (dtv).

Bange, D., & Deegener, G. (1996). *Sexueller Missbrauch an Kindern. Ausmaß, Hintergründe, Folgen*. Psychologie Verlags Union.

Bange, D., & Körner, W. (2002). *Handwörterbuch sexueller Missbrauch*. Hogrefe Verlag GmbH & Co. KG.

Bange, D. (2011). *Eltern von sexuell missbrauchten Kindern. Reaktionen, psychosoziale Folgen und Möglichkeiten der Hilfe*. Hogrefe Verlag GmbH & Co. KG.

Bensel, R. T., Reihnberger, M., & Radbill, S. (2002). *Kinder in einer Welt der Gewalt: Misshandlung im geschichtlichen Rückblick*. In M. E. Helfer, R. S. Kempe, & R. D. Krugman (Hrsg,). Das misshandelte Kind. Suhrkamp Verlag.

Berliner, L., & Conte, J. R. (1990). The process of victimization: The victims perspective. *Child Abuse & Neglect, 14*, 29–40.

Bolen, R. M. (2001). *Sexueller Missbrauch von Kindern: Sein Umfang und unser Versagen*. Kluwer akademischer Verlag.

Bolton, F. G., Morris, L. A., & MacEachron, A. E. (1989). *Males at Risk: The other Side of Sexual Abuse*. Sage Publications.

Bullen, R. (1995). *Der Grooming-Prozess - oder das Planen des Missbrauchs*. In: B. Marquardt -Mau (Hrsg.), *Schulische Prävention gegen sexuelle Kindesmisshandlung. Grundlagen, Rahmenbedingungen, Bausteine und Modelle*. Juventa.

Cantwell, H. B. (1988). Child Sexual Abuse: Very Young Perpetrators. *Child Abuse & Neglect, 12*, 579–582.

Conte, J. R., Wolf, S., & Smith, T. (1989). What sexuell offenders tell us about prevention strategies. *Child Abuse & Neglect, 13*, 293–301.

Dean, K. E., & Malamuth, N. M. (1997). Characteristics of Men Who Aggress Sexually and of Men Who Imagine Aggressing: Risk and Moderating Variables. *Journal of Personality and Social Psychology, 72*, 449–455.

deMause, L. (1992). *Hört ihr die Kinder weinen - Eine psychogenetische Geschichte der Kindheit*. Suhrkamp.

Eldrige, H. (1997). *Female Sex Offenders: Characteristics and Patterns of Offending*. Votragsmanuskript.

Enders, U. (2001). *Zart war ich, bitter war's: Handbuch gegen sexuellen Missbrauch*. Verlag Kiepenheuer & Witsch.

Enders, U. (2015). Umgang mit Vermutung und Verdacht bei sexuellem Kindesmissbrauch. In: J. M. Fegert, K. Hoffmann, & L. Niehues (Hrsg.), *Sexueller Missbrauch von Kindern und Jugendlichen. Ein Handbuch zur Prävention und Intervention für Fachkräfte im medizinischen, psychotherapeutischen und pädagogischem Bereich*. Springer Verlag.

Ernst, C. (2005). Zu den Problemen der epidemiologischen Forschung des sexuellen Missbrauchs. In G. Amann & R. Wipplinger. (Hrsg.), *Sexueller Missbrauch. Überblick über Forschung, Beratung und Therapie* (S. 55–71). DGVT.

Fegert, J. M., Hoffmann, K., & Niehues, L. (Hrsg.). (2015). *Sexueller Missbrauch von Kindern und Jugendlichen. Ein Handbuch zur Prävention und Intervention für Fachkräfte im medizinischen, psychotherapeutischen und pädagogischem Bereich*. Springer Verlag.

Gannon, T. A., & Rose, M. R. (2008a,b). *Female child sexual offenders: Towards integrating theory and practice. Aggression and Violent Behavior, 13,* 442–461.

Garbe, E. (2005). *Martha. Psychotherapie eines Mädchens nach sexuellem Missbrauch.* Beltz.

Goldbeck, L. (2015). Auffälligkeiten und Hinweiszeichen bei sexuellem Kindesmissbrauch. In J. M. Fegert, K. Hoffmann, & L. Niehues (Hrsg.), *Sexueller Missbrauch von Kindern und Jugendlichen. Ein Handbuch zur Prävention und Intervention für Fachkräfte im medizinischen, psychotherapeutischen und pädagogischem Bereich.* Springer Verlag.

Goldbeck, L., Allroggen, M., Münzer, A., Rassenhofes, M., Feger, J. M. Töpfer, M. Holtmann, M., Krahé B., Scheinberger-Olwig, R., & Weizenhöfer, E. (1999). Sexuelle Aggression zwischen Jugendlichen: Eine Präsenzerhebung mit Ost-West-Vergleich. *Zeitschrift für Sozialpsychologie, 30,* 165–178.

Gründer, M., Kleiner, R., & Nagel, H. (1997). *Wie man mit Kindern darüber reden kann. Ein Leitfaden zur Aufdeckung sexueller Misshandlung.* VOTUM Verlag GmbH.

Hanks, Helga G. I. & Saradjian, J. (1994). Frauen, die Kinder sexuell mißbrauchen. In O. Schubbe (Hrsg.), *Therapeutische Hilfen gegen sexuellen Mißbrauch an Kindern.* Göttingen/Zürich: Vandenhoeck und Ruprecht, S.198–216.

Heiliger, A. (2000). *Täterstrategien und Prävention. Sexueller Missbrauch an Mädchen innerhalb familialer und familienähnlicher Strukturen. Ergebnisse einer empirischen Untersuchung.* Frauenoffensive.

Johnson, T. C. (1988). Child Perpetrators – Children who Molest other Children: Preliminary Findings. *Child Abuse & Neglect, 12,* 219–229.

Johnson, T. C. (1989). Female Child Perpetrators: Children who Molest other Children. *Child Abuse & Neglect, 13,* 571–585.

Kinder, H. (1999). *Ursachen und Hintergründe sexualisierter Gewalt durch Jungen.* In AMYNA e.V. - Projekt zu

Prävention sexuellen Missbrauch (Hrsg.), *"Die leg' ich flach!"* Bausteine zur Täterprävention (S. 29–44). AMYNA.

Krüger, A. (2007). *Erste Hilfe für traumatisierte Kinder*. Patmos.

Metermann, F. (Hrsg.). (2017). *Ratgeber Sexueller Missbrauch. Informationen für Eltern, Lehrer und Erzieher (1. Aufl.)* (Bd. 21). Hogrefe Verlag GmbH & Co. KG.

Lightfoot, S. & Evans, I. M. (2000). *Risk Factors for a New Zealand Sample of Sexuale Abusive Children und Adolescents*. In D. Bange & W. Körner, W. (Hrsg.), *Handwörterbuch. Sexueller Missbrauch*. Hogrefe Verlag.

Moggi, F. (2004). Folgen sexueller Gewalt. In W. Körner & A. Lenz (Hrsg.), *Sexueller Missbrauch* (Bd. 1, S. 317–325). Hogrefe.

Morris, A. (2003). *The mother of the victim as potential supporter and protector: Considerations and challenges. Paper presented at the Child Sexual Abuse: Justice Response or Alternative Resolution Conference convened by the Australian Institute of Criminology, held in Adelaide*, Australia, 1–2 May, 2003.

Pohling, A. (2015). Sexualpädagogik und Sexualerziehung. In J. M. Fegert, K. Hoffmann, & L. Niehues (Hrsg.), *Sexueller Missbrauch von Kindern und Jugendlichen. Ein Handbuch zur Prävention und Intervention für Fachkräfte im medizinischen, psychotherapeutischen und pädagogischem Bereich*. Springer Verlag.

Raupp, U., & Eggers, C. (1993). Sexueller Missbrauch von Kindern. Eine regionale Studie über Prävalenz und Charakteristik. *Monatszeitschrift für Kinderheilkunde, 141*, 316–322.

Reddemann, L., & Sachsse, U. (1997). "Stabilisierung". *Traumazentrierte Psychotherapie, Teil 1. Persönlichkeitsstörungen* (PTT): 3, S. 115.

Reddemann, L., & Dehnet-Rau, C. (2008). *Traum. Folgen erkennen, überwinden und an ihnen wachsen. Ein Übungsbuch für Körper und Seele*. TRIAS Verlag in MVS.

Rijkaards, J. (1988). *Lots Töchter. Über den Vater-Tochter-Inzest*. DTV.

Rush, F. (1989). *Das bestgehütete Geheimnis: Sexueller Kindesmissbrauch.* Orlanda Frauenverlag.

Schlicher, A. (2000). *Sexueller Missbrauch – Beratung und Prävention.* Beltz. Juventa.

Schwarzer, A. (2000). *Der große Unterschied,* (1. Aufl.). Kiepenheuer&Witsch.

Shengold, L. (1989). *Seelenmord: Die Auswirkungen von Missbrauch und Entbehrung in der Kindheit.* Brandes & Apsel Verlag.

Trube-Becker, E. (1998). Historische Perspektive sexueller Kontakte zwischen Erwachsenen und Kindern bzw. Jugendlichen und die soziale Akzeptanz dieses Phänomens von der Zeit der Römer und Griechen bis heute. In G. Amann & R. Wipplinger (Hrsg.), *Sexueller Missbrauch. Überblick zu Forschung, Beratung und Therapie.* Ein Handbuch (S. 39–54). Tübingen.

Volbert, R. (2015). *Gesprächsführung mit von sexuellem Missbrauch betroffenen Kindern und Jugendlichen.* In J. M. Fegert, K. Hoffmann, & L. Niehues (Hrsg.), *Sexueller Missbrauch von Kindern und Jugendlichen. Ein Handbuch zur Prävention und Intervention für Fachkräfte im medizinischen, psychotherapeutischen und pädagogischem Bereich.* Springer Verlag.

Wais, M., & Gallé, I. (1996). *Der ganz alltägliche* (Missbrauch). Tertium.

Walter, A. (2006). *Dunkle Triebe. Wie Sexualstraftäter denken und ihre Taten planen.* Goldmann.

Wanzeck-Sielert, C. (2008). Sexualität im Kindesalter. In R. B.Schmidt & U. Sielert (Hrsg.), *Handbuch Sexualpädagogik und sexuelle Bildung,* (S. 363–370). Juventa.

Wetzels, P. (1997). *Gewalterfahrungen in der Kindheit - Sexueller Missbrauch, körperliche Misshandlung und deren langfristige Konsequenzen.* Nomos Verlagsgesellschaft.

Zenz, G. (1981). *Kindesmisshandlung und Kinderrechte.* Suhrkamp Verlag.

Internetquellen

Gemeinsame Verständigung des Nationalen Rates gegen sexuelle Gewalt an Kindern und Jugendlichen. Arbeitsphase Dezember 2019 bis Juni 2021 https://www.nationaler-rat.de/downloads/Gemeinsame_Verstaendigung_Nationaler_Rat.pdf. Zugegriffen: 26. Juli 2021.

Herrmann, B., Banaschak, S., Csorba, R., Navratil, F., Reinhard, R. (2014). *Medizinische Diagnostik bei sexuellem Kindesmissbrauch.* https://www.aerzteblatt.de/archiv/162668/Medizinische-Diagnostik-bei-sexuellem-Kindesmissbrauch. Zugegriffen: 15. Nov. 2021.

Leipold, F. (2015). *Geschichte des sexuellen Missbrauchs.* https://www.focus.de/wissen/mensch/geschichte/geschichte-des-sexuellen-missbrauchs-paedophilie_id_1975320.html. Zugegriffen: 26. Okt. 2021.

Unabhängiger Beauftragter für Fragen des sexuellen Kindesmissbrauchs. (2021). https://beauftragter-missbrauch.de/service/zahlen-fakten. Zugegriffen: 2. Nov. 2021.

Unabhängiger Beauftragter für Fragen des sexuelle Missbrauchs. (2021). https://beauftragter-missbrauch.de/service/zahlen-fakten/PolizeilicheKriminalstatistik2020. Zugegriffen: 3. Nov. 2021.

ZDF, Panorama, Polizeiliche Kriminalstatistik. (2021). *Mehr Fälle von sexueller Gewalt gegen Kinder.* https://www.zdf.de/nachrichten/panorama/polizei-kriminalstatistik-sexualisierte-gewalt-kinder-100.html. Zugegriffen: 2. Nov. 2021.

Zeitschrift EMMA. (1978). *Ich klage an!* https://www.emma.de/lesesaal/45147#pages/23. Zugegriffen: 27. Okt. 2021.

GPSR Compliance
The European Union's (EU) General Product Safety Regulation (GPSR) is a set of rules that requires consumer products to be safe and our obligations to ensure this.

If you have any concerns about our products, you can contact us on

ProductSafety@springernature.com

In case Publisher is established outside the EU, the EU authorized representative is:

Springer Nature Customer Service Center GmbH
Europaplatz 3
69115 Heidelberg, Germany

www.ingramcontent.com/pod-product-compliance
Lightning Source LLC
LaVergne TN
LVHW020345260326
834688LV00045B/1545